Schreibtraining
für das Goethe-Zertifikat B2

Eva Kokkini

Dr. Annette Vosswinkel

Hueber

Das Werk und seine Teile sind urheberrechtlich geschützt.
Jede Verwertung in anderen als den gesetzlich zugelassenen Fällen
bedarf deshalb der vorherigen schriftlichen Einwilligung des Verlages.

1. Auflage 2021

© CHR. KARABATOS - Verlag, Athen
www.karabatos.gr
Verlagsredaktion: Jo Glotz-Kastanis
Umschlaggestaltung: ms design, Athen
Layout und Herstellung: Oliver Riedel, Athen

Printed in Greece
ISBN 978-960-465-098-9 | dt. ISBN 978-3-19-201684-4

Inhalt

Kapitel 1   Schreiben Teil 1: Extremsportarten 5
Kapitel 2   Schreiben Teil 1: Schnelldiäten 11
Kapitel 3   Schreiben Teil 1: Tägliche Autonutzung 16
Kapitel 4   Schreiben Teil 1: „Hotel Mama" 22
Kapitel 5   Schreiben Teil 1: Online-Dating 27
Kapitel 6   Schreiben Teil 2: Sprachkurs wechseln 31
Kapitel 7   Schreiben Teil 2: Basar/Fotoausstellung mitorganisieren 37
Kapitel 8   Schreiben Teil 2: Praktikum im Kaufhaus 43
Kapitel 9   Schreiben Teil 2: Fahrrad parken 48
Kapitel 10 Schreiben Teil 2: Konferenzraum vorbereiten 53
Kapitel 11 Schreiben Teil 1: Massenevents 58
Kapitel 12 Schreiben Teil 2: Klassenreise/Betriebsausflug mitorganisieren 63
Kapitel 13 Schreiben Teil 1: Fleischkonsum 68
Kapitel 14 Schreiben Teil 1: Valentinsgeschenk 72
Kapitel 15 Schreiben Teil 2: Beschwerde an Schwimmbad 77
Kapitel 16 Schreiben Teil 1: Aufputschmittel 81
Kapitel 17 Schreiben Teil 1: Altenheime 86
Kapitel 18 Schreiben Teil 2: Praktikum im Hotel 92
Kapitel 19 Schreiben Teil 1: Urlaubsreisen 98
Kapitel 20 Schreiben Teil 1: Konsumverhalten – Kleidung 104
Kapitel 21 Schreiben Teil 2: Urlaub während des Praktikums 110
Kapitel 22 Schreiben Teil 1: Zoos – bedrohte Tierarten 114
Kapitel 23 Schreiben Teil 1: Mit Konflikten umgehen 119
Kapitel 24 Schreiben Teil 2: Schwierigkeiten am Arbeitsplatz – Tankstelle 123
Kapitel 25 Schreiben Teil 1: Energiegewinnung 128

Anhang

Redemittel Schreiben Teil 1 132

Formalien und Redemittel Schreiben Teil 2 136

Schreiben Teil 1
Extremsportarten

Meinung äußern I

Ich finde …
Meiner Meinung/Ansicht nach …
Ich bin für/gegen … ◆ … Ich bin dafür/dagegen.
Ich halte nichts/wenig / (nicht) viel von … ◆ … Davon halte ich nichts/wenig / (nicht) viel.

3 a Lesen Sie die Kommentare zum Thema „Extremsportarten". Ergänzen Sie die Redemittel zur Meinungsäußerung.

---

superfit 30 — Freitag um 19:12 Uhr

Extremsportarten sind sehr beliebt. Ich persönlich _____ sie faszinierend. Man kann nämlich in seiner Freizeit etwas Extremes erleben und das in der Natur, an einsamen Stellen, wo es keine Touristen gibt. Ein einmaliges Erlebnis für Leute, die Spaß am Abenteuer haben und gern ein Risiko eingehen.

---

ashan7 — Freitag um 19:47 Uhr

Also ich _____ nichts _____ Extremsport. Ich _____ solche Sportarten sehr gefährlich, sogar lebensgefährlich, denn sie sind mit einem großen Unfallrisiko verbunden. Jährlich verletzen sich viele Sportler schwer, einige sogar tödlich. Zudem sind solche Sportarten auch anstrengend und gesundheitsschädlich, weil sie den Körper besonders belasten. Das ist doch alles nur Unsinn.

---

dagmarX5 — Freitag um 20:09 Uhr

Ich _____ _____ solche Sportarten, denn dieser Adrenalin-Kick, den man dabei erlebt, ist doch ein tolles Gefühl. Das ist so richtig aufregend und spannend! Und wenn man etwas Schwieriges geschafft hat, fühlt man sich glücklich und frei. Außerdem erfordern Extremsportarten eine gute Kondition. So bleibt man stark und fit.

---

manouel slow — Freitag um 20:31 Uhr

Meiner _____ _____ sind Sportarten wie Höhlentauchen oder Wingsuit-Fliegen nicht nur riskant und stressig, sondern auch sehr kostspielig. Man benötigt nämlich eine spezielle Ausrüstung, teure Sportkleidung und so. Und weil man diese Sportarten nicht bei sich zu Hause ausüben kann, kommen noch andere Ausgaben für Benzin, Übernachtungen usw. hinzu. Ich _____ _____ „Risikosport".

Schreiben Teil 1
Extremsportarten

KAPITEL 1

b Was passt? Ordnen Sie zu.

1 kostspielig
2 populär
3 faszinierend
4 riskant

a aufregend
b gefährlich
c teuer
d beliebt

c Was passt? Ordnen Sie zu. Es gibt mehrere Möglichkeiten.

Meinungsäußerung

1 faszinierend
2 lebensgefährlich
3 aufregend
4 gesundheitsschädlich
5 spannend
6 kostspielig

Begründung

a Man kann sich tödlich verletzen.
b Das ist eine zu große Belastung für den Körper.
c Man erlebt etwas Extremes und hat daran Spaß.
d Man benötigt eine teure Ausrüstung.
e Man kriegt einen richtigen Adrenalin-Kick.
f Man erlebt gefährliche Situationen.

d Markieren Sie in 3a alle Adjektive, die Extremsportarten positiv oder negativ charakterisieren.

e Äußern Sie jetzt Ihre Meinung zu Extremsportarten und begründen Sie diese. Nennen Sie mindestens zwei Gründe.

_____
_____
_____
_____

KAPITEL 1

Schreiben Teil 1
Extremsportarten

4 a Jan hat in einem Blog einen Diskussionsbeitrag zum Thema „Bergsport, wie zum Beispiel Mountainbiken", geschrieben. Er hat aber noch keine Einleitung und keinen Schluss für seinen Text. Lesen Sie den Text. Was könnte er als Einleitung (E) und als Schluss (S) schreiben? Ordnen Sie zu. Es passen nicht alle Sätze.

1. Mountainbiken ist ein Bergsport, der immer populärer wird. ○
2. Dennoch würde ich auf eine Mountainbiketour im Sommer nicht verzichten. ○
3. Radsport treiben viele Leute. ○
4. Man kann doch schließlich auch ohne Risiko Sport treiben und Spaß daran haben. ○
5. Allgemein mag ich keine gefährlichen Sportarten. Sport soll doch Spaß machen! ○
6. Mountainbiken ist eine beliebte Freizeitbeschäftigung, da man Fitnesstraining und Naturerlebnis miteinander verbinden kann. ○
7. Ich hoffe, dass in Zukunft auch Sportarten „in" sein werden, die nicht so gefährlich und kostspielig sind. ○
8. Extremsportarten erfreuen sich heutzutage großer Beliebtheit. ○

👤 Jan 🕐 17:44   💬 3

_____

Ich finde aber diese Sportart schwierig, denn man muss dazu eine bestimmte Fahrtechnik beherrschen. Eine sehr gute Kondition ist ebenfalls erforderlich. Außerdem sind die Fahrten über die Berge anstrengend. Hinzu kommt noch das Unfallrisiko, denn man stürzt oft von seinem Mountainbike und kann sich das Bein oder den Arm brechen. Diese Sportart ist auch kostspielig. Man braucht nämlich nicht nur spezielle Kleidung, sondern auch ein Mountainbike. Und das ist nicht billig. Wie man so Ausflüge oder sogar einen Urlaub in der Natur genießen kann, verstehe ich wirklich nicht. Es gibt verschiedene andere Möglichkeiten, in den Bergen Sport zu treiben. Man kann beispielsweise einfach wandern. Walking oder Nordic Walking ist ebenfalls eine gute Möglichkeit für alle, die etwas schneller laufen möchten. Solche sportlichen Aktivitäten sind nicht so gefährlich und deshalb auch für Familien und ältere Leute gut geeignet. Ein weiterer Vorteil ist, dass sie nicht zu anstrengend sind. Man überfordert seinen Körper also nicht, tut aber trotzdem etwas für seine Fitness. Und schließlich ist die Ausrüstung auch nicht so teuer.

_____
_____

👍 Like

---

b Schreiben Sie nun die Einleitung und den Schluss, der Ihnen gefällt, in Jans Text.

Schreiben Teil 1
Extremsportarten

KAPITEL 1

c In welcher Reihenfolge hat Jan folgende Inhaltspunkte behandelt? Nummerieren Sie.

◯ Er hat die Vorteile der anderen Möglichkeiten genannt.

◯ Er hat andere Möglichkeiten genannt, wie man in den Bergen sportlich aktiv sein kann.

◯ Er hat seine Meinung zu Mountainbiken geäußert.

◯ Er hat begründet, warum er für oder gegen Mountainbiken ist.

d Lesen Sie noch einmal Jans Beitrag. Was ist richtig (R), was ist falsch (F)?

1 Jan hält nicht viel von Mountainbiken. Ⓡ Ⓕ

2 Er ist nicht der Meinung, dass Mountainbiken mit einer Verletzungsgefahr verbunden ist. Ⓡ Ⓕ

3 Bei Wandern und Walking wird der Körper nicht zu stark belastet. Ⓡ Ⓕ

4 Für Wandern und Walking benötigt man eine kostspielige Ausrüstung. Ⓡ Ⓕ

e Markieren Sie in Jans Beitrag die Vorteile der anderen Möglichkeiten.

5 Lesen Sie noch einmal die Aufgabe 6. Sammeln Sie dann aus den Aufgaben 1–4 die Ausdrücke und Ideen, die Sie für Ihren Forumsbeitrag benutzen möchten, und schreiben Sie diese in den Schreibplan.

Schreibplan

Einleitung: _____

Ihre Meinung: _____

_____

Begründen Sie Ihre Meinung: _____

_____

_____

Andere Möglichkeiten: _____

_____

Vorteile der anderen Möglichkeiten: _____

_____

Schluss: _____

Achtung! Der Schluss muss zur Meinung passen, die Sie vorher geschrieben haben.

▶ mehr Übungen zum Wortschatz **treffend! B2** (6.5, 6.6)

KAPITEL 1

Schreiben Teil 1
Extremsportarten

6 Sie schreiben einen Forumsbeitrag zu Extremsportarten wie Wildwasserkajak oder Acro-Paragliding.

– Äußern Sie Ihre Meinung zu Wildwasserkajak und anderen Extremsportarten.

– Begründen Sie, warum Sie für oder gegen solche Sportarten sind.

– Schlagen Sie andere Möglichkeiten vor, wie man sportlich aktiv sein kann.

– Nennen Sie die Vorteile der anderen Möglichkeiten.

Denken Sie an eine Einleitung und einen Schluss. Bei der Bewertung wird darauf geachtet, wie genau die Inhaltspunkte bearbeitet sind, wie korrekt der Text ist und wie gut die Sätze und Abschnitte sprachlich miteinander verknüpft sind. Schreiben Sie mindestens **150** Wörter.

Schreiben Teil 1
Schnelldiäten

KAPITEL 2

1 Lesen Sie die Aufgabe 8 auf Seite 15 und notieren Sie Ideen zu den vier Inhaltspunkten ins Heft.

2 Wie kann man das auch sagen? Ordnen Sie zu.

> Gewicht verlieren ◆ sein Gewicht auf Dauer halten ◆ von allem essen ◆
> die Blitzdiät ◆ zunehmen ◆ seine Essgewohnheiten ändern

a die Schnelldiät _____
b abnehmen _____
c dicker werden _____
d seine Ernährungsweise umstellen _____
e nicht wieder zunehmen _____
f sich vielseitig ernähren _____

3 Ergänzen Sie das Gegenteil.

> zeitaufwendig ◆ vielseitig ◆ übergewichtig ◆ gesundheitsschädlich ◆ effektiv

a gut für die Gesundheit ↔ _____
b zeitsparend ↔ _____
c einseitig ↔ _____
d ohne Erfolg ↔ _____
e schlank ↔ _____

4 a Was passt? Ordnen Sie zu.

1 Schnelldiäten finde ich effektiv,   a man muss nämlich nicht viel kochen.
2 Schnelldiäten sind meiner Meinung nach sinnlos,   b denn man nimmt schnell ein paar Kilo ab.
3 Schnelldiäten sind nicht zeitaufwendig,   c da man sich sehr einseitig ernährt.
4 Schnelldiäten sind gesundheitsschädlich,   d weil man danach sofort wieder zunimmt.

KAPITEL 2

Schreiben Teil 1
Schnelldiäten

b Warum? Ergänzen Sie die Sätze im gelben Kasten.

> **etwas begründen I**
>
> Diese Diät finde ich gut, ...
>
> _____ / _____ sie zeitsparend ist.
>
> _____ sie ist zeitsparend.
>
> sie ist _____ zeitsparend.

c Zwei verschiedene Meinungen zu Schnelldiäten. Schreiben Sie und verwenden Sie dabei *denn, weil, da* oder *nämlich*.

🙂: _____
_____

☹: _____
_____

5 a Was kann man machen, um Gewicht zu verlieren? Ordnen Sie zu.

> kleinere Portionen essen / zu sich nehmen ◆ Gartenarbeit machen ◆
> Treppen steigen, anstatt den Aufzug zu nehmen ◆ auf Zucker verzichten ◆
> viel zu Fuß gehen ◆ Sport treiben

1 _____ 2 _____ 3 _____

4 _____ 5 _____ 6 _____

Schreiben Teil 1
Schnelldiäten

KAPITEL 2

b Was könnte man noch machen? Nennen Sie weitere Möglichkeiten.

Man könnte _____

_____

6 a Wer findet Schnelldiäten positiv (p), wer negativ (n)?

A bikini1 — 20.06. | 17:02 Uhr
(p) Hey, die Badesaison beginnt und ich suche eine effektive und gesunde Schnelldiät. Kennt ihr eine?

B xavor_09 — 21.06. | 12:23 Uhr
( ) Eine gesunde Schnelldiät gibt es nicht. Mach lieber eine normale Diät. Das ist wesentlich gesünder. **Dazu kommt, dass** du danach nicht sofort wieder zunimmst.

C dongdong — 21.06. | 13:06 Uhr
( ) Ja, und du könntest zusätzlich ein bisschen Sport treiben, dann ist die Diät effektiver. **Zudem** wirst du dann fitter und nicht müde und lustlos wie bei einer Schnelldiät.

D starsss — 22.06. | 11:27 Uhr
( ) Guck mal hier: schnelldiaeten.blogger.de Die sind super und man hat schnell einen sichtbaren Erfolg. **Hinzu kommt, dass** man fast nichts kochen muss.

E anda_445 — 22.06. | 12:11 Uhr
( ) Also das sind ganz einseitige Diäten, bei denen man nur Ananas oder hartgekochte Eier isst. Bei diesen Diäten ist man doch dauernd hungrig und das ist absolut gesundheitsschädlich!

F 3XXX_00 — 22.06. | 17:54 Uhr
( ) Nach einer Schnelldiät nimmst du gleich wieder zu, dann machst du eine neue Schnelldiät usw., usw. – und so kommt es zum Jo-Jo-Effekt. Das ist doch sinnlos!

G bikini1 — 22.06. | 18:01 Uhr
( ) Trotzdem mache ich eindeutig lieber eine Schnelldiät. Danke starsss! Ich finde es besser, zwei Wochen lang eine strenge Diät zu machen, als monatelang Kalorien zu zählen. **Außerdem** bin ich ja nicht übergewichtig, sondern will nur ein paar Kilo abnehmen.

Schreiben Teil 1
Schnelldiäten

KAPITEL 2

b Wer sagt das?

1 Dennoch finde ich Schnelldiäten besser.   G
2 Mit anderen Diäten kannst du dein Gewicht auf Dauer halten.
3 Bei einer Diät sollte man nicht hungern.
4 Ich möchte eine Diät machen, bei der man schnell einen Erfolg sieht.
5 Schnelldiäten sind Unsinn.
6 Dass man dabei nicht viel kochen muss, ist ein Vorteil.
7 Zusammen mit mehr Bewegung ist eine Diät erfolgreicher.

c Was ist richtig? Lesen Sie noch einmal in 6a die Texte B, C, D, G und kreuzen Sie an.

> **weitere Argumente aufzählen I**
>
> Mit **außerdem / zudem / dazu kommt, dass / hinzu kommt, dass** kann ich … einleiten.
>
> ◯ mein erstes Argument   ◯ weitere Argumente (nicht das erste)

d Schreiben Sie einen kleinen Text. Verwenden Sie *außerdem / zudem / dazu kommt, dass* oder *hinzu kommt, dass*.

Schnelldiäten sind gesundheitsschädlich, weil man sich einseitig ernährt. – Man fühlt sich müde und lustlos. – Man nimmt schnell wieder zu.

Schnelldiäten sind _____

_____

_____

7 Lesen Sie noch einmal die Aufgabe 8. Sammeln Sie dann aus den Aufgaben 1–6 die Ausdrücke und Ideen, die Sie für Ihren Forumsbeitrag benutzen möchten, und machen Sie einen Schreibplan.

▶ *mehr Übungen zum Wortschatz* **treffend! B2** (10.1, 10.3)

Schreiben Teil 1
Schnelldiäten

KAPITEL 2

8 Schreiben Sie einen Forumsbeitrag zu Ernährung und Diäten.

- Äußern Sie Ihre Meinung zu Schnelldiäten.
- Begründen Sie, warum Sie dafür oder dagegen sind.
- Nennen Sie andere Möglichkeiten, ein paar Kilo abzunehmen.
- Nennen Sie die Vorteile der anderen Möglichkeiten.

Denken Sie an eine Einleitung und einen Schluss. Bei der Bewertung wird darauf geachtet, wie genau die Inhaltspunkte bearbeitet sind, wie korrekt der Text ist und wie gut die Sätze und Abschnitte sprachlich miteinander verknüpft sind. Schreiben Sie mindestens **150** Wörter.

KAPITEL 3

Schreiben Teil 1
Tägliche Autonutzung

1 Lesen Sie die Aufgabe 8 auf Seite 21 und notieren Sie Ideen zu den vier Inhaltspunkten.

Ihre Meinung: _____
_____
_____

Gründe: _____
_____
_____

Achtung!
Bei „Gründe" müssen Sie erklären, warum das Phänomen so verbreitet ist.

Andere Möglichkeiten: _____
_____
_____

Vorteile der anderen Möglichkeiten: _____
_____
_____

2 Wie kann man das auch sagen? Ordnen Sie zu.

> belasten ◆ gelegentlich ◆ überfüllt ◆ nutzen ◆ einschränken ◆ benötigen ◆ ungebunden ◆ verbreitet

a das Auto brauchen: das Auto _ _ _ _ _ _ _ _ _

b das Auto benutzen: das Auto _ _ _ _ _ _

c ab und zu, manchmal: _ _ _ _ _ _ _ _ _ _ _ _

d weniger Auto fahren: die Autonutzung _ _ _ _ _ _ _ _ _ _ _ _

e zu voll: _ _ _ _ _ _ _ _ _

f von vielen Leuten gemacht werden: _ _ _ _ _ _ _ _ _ _ sein

g die Umwelt verschmutzen: die Umwelt _ _ _ _ _ _ _ _

h unabhängig: _ _ _ _ _ _ _ _ _ _

Schreiben Teil 1
Tägliche Autonutzung

KAPITEL 3

3 a In einem Internetforum äußern sich drei Personen zur täglichen Nutzung von Mopeds und Motorrädern in Großstädten. Wer hat welche Meinung? Markieren Sie mit (–), (+) oder (+/–).

1

In Großstädten bevorzugen immer mehr Leute das Moped oder das Motorrad als tägliches Verkehrsmittel. Es ist zwar etwas gefährlich, aber auch sehr praktisch. Bei viel Verkehr ist man damit eindeutig flexibler.
Es gibt auch andere Gründe, warum …

Marcel Keller, 25 ◯

2

Es sind immer mehr Leute mit Moped oder Motorrad unterwegs, was meiner Meinung nach zu gefährlich ist, denn das Unfallrisiko ist einfach viel zu hoch.
Es gibt aber viele Gründe, warum …

Nicole Seidel, 30 ◯

3

Moped und Motorrad werden besonders in Großstädten immer beliebter. Auch ich fahre mit meinem Motorrad überall hin, weil ich damit ungebunden bin und Zeit spare.
Es gibt auch andere Gründe, warum …

Daniel Klein, 40 ◯

b Lesen Sie noch einmal die Texte 1–3 und unterstreichen Sie Gründe <u>für</u> die Nutzung von Mopeds und Motorrädern.

c Was ist richtig? Kreuzen Sie an. Lesen Sie dazu noch einmal 3a und achten Sie auf die fett gedruckten Ausdrücke.

Meinung und Gründe verknüpfen

Wie kann ich meine Meinung mit den Gründen verknüpfen, die erklären, warum ein Phänomen so verbreitet ist?

1 Zusammen mit meiner Meinung habe ich schon einen Grund genannt, der erklärt, warum das Phänomen so verbreitet ist. Dann kann ich so weitermachen:

◯ Es gibt aber viele Gründe, …   ◯ Es gibt auch andere Gründe, …

2 Ich habe meine Meinung gesagt und nur Negatives über das Phänomen geschrieben. Dann kann ich so weitermachen:

◯ Es gibt aber viele Gründe, …   ◯ Es gibt auch andere Gründe, …

1 Es gibt aber/jedoch auch andere Gründe (dafür), warum/weshalb dieses Phänomen so verbreitet ist.
 Natürlich/Selbstverständlich gibt es noch weitere Gründe (dafür), warum das so ist.
2 Es gibt aber/jedoch viele/zahlreiche Gründe (dafür), warum … so verbreitet ist.
 Allerdings/Trotzdem gibt es mehrere/verschiedene Gründe (dafür), weshalb …

KAPITEL 3

Schreiben Teil 1
Tägliche Autonutzung

d Wie könnten Marcel, Nicole und Daniel die fett gedruckten Ausdrücke in 3a etwas anders formulieren und ihre Sätze zu Ende führen? Verwenden Sie dazu Ausdrücke aus dem gelben Kasten.

Marcel: _____

_____

Nicole: _____

_____

Daniel: _____

_____

4 a Warum ist die tägliche Autonutzung so verbreitet? Kreuzen Sie fünf Gründe an, die Sie wichtig finden.

1 ◯ Autofahren macht Spaß und man fühlt sich frei und ungebunden.

2 ◯ Mit dem Auto ist man vom Wetter unabhängig, wenn es beispielsweise regnet oder im Sommer sehr heiß ist.

3 ◯ Man ist nicht an die Abfahrtzeiten der öffentlichen Verkehrsmittel gebunden und deshalb flexibler.

4 ◯ Viele Leute bevorzugen für den Weg zur Arbeit ihr Auto, weil sie so Zeit sparen.

5 ◯ Manche lehnen es ab, in den überfüllten Verkehrsmitteln zu fahren.

6 ◯ Oft sind die Verkehrsanschlüsse bei den öffentlichen Verkehrsmitteln ungünstig.

7 ◯ Für Familien mit kleinen Kindern oder für ältere Leute, die nicht mehr so beweglich sind, ist das Auto einfach eine Notwendigkeit.

8 ◯ Besonders für Großeinkäufe, z.B. im Supermarkt, ist das Auto sehr praktisch.

9 ◯ Viele nutzen das Auto einfach aus Bequemlichkeit. Sie laufen ungern oder finden Radfahren zu anstrengend.

b Warum benutzen so viele Leute täglich ihr Auto? Schreiben Sie fünf Gründe ins Heft. Benutzen Sie dazu die Ideen aus 4a und die Ausdrücke im gelben Kasten.

Gründe aufzählen

Der Hauptgrund / Der wichtigste Grund ist … /, dass …

Ein weiterer/anderer Grund ist … /, dass …
Außerdem … / Hinzu kommt, dass …

Noch ein Grund ist schließlich … /, dass …

Schreiben Teil 1
Tägliche Autonutzung

KAPITEL 3

5 a Franziska wohnt in Berlin. Sie nutzt täglich die öffentlichen Verkehrsmittel, für kürzere Strecken nimmt sie das Fahrrad und sie geht auch viel zu Fuß. Sie hat kein eigenes Auto, benötigt jedoch gelegentlich eins und sucht im Internet. Welche Möglichkeiten hat sie gefunden? Ergänzen Sie.

1 Kommerzielles Carsharing: a _____

                                          b _____

2 _____

carsharing.de im Vergleich

Carsharing-Art: stationsunabhängiges Carsharing

Flexi-Mobil ist eine super Lösung. Per Handy-App suche ich, wo ein Wagen in meiner Nähe frei ist, steige ein, fahre los und parke ihn hinterher irgendwo im Nutzungsbereich. Ist jedoch für längere Strecken ziemlich kostspielig, da die Fahrt pro Minute abgerechnet wird.

driver

Carsharing-Art: stationäres Carsharing

Echt günstig, auch für längere Strecken. Man bucht und weiß, das Auto steht an der gewünschten Mietstation bereit. Unpraktisch ist nur, dass man den Wagen auch dorthin wieder zurückbringen muss. Aber ansonsten absolut empfehlenswert.

Alex Schenkel

Super, sich ein Auto von jemandem aus der Nachbarschaft zu leihen, wenn er es gerade nicht braucht. Und auf jeden Fall billiger als kommerzielles Carsharing. Mit PKWnetz finde ich immer ein Auto in der Nachbarschaft, und beim Abholen und Wiederzurückbringen unterhält man sich oft sehr nett und lernt sich näher kennen.

Julia Braun

Schreiben Teil 1
Tägliche Autonutzung

b Lesen Sie noch einmal die Texte in 5a und antworten Sie.

1. Carsharing lohnt sich, wenn man täglich ein Auto braucht. (Ja) (Nein)
2. Für längere Strecken sind stationsunabhängiges Carsharing und privates Carsharing am kostengünstigsten. (Ja) (Nein)
3. Wenn man schnell und spontan ein Auto mieten möchte, sollte man stationäres Carsharing wählen. (Ja) (Nein)
4. Über eine Online-Plattform kann man in Wohnungsnähe ein Auto mieten oder vermieten. (Ja) (Nein)
5. Nur beim privaten Carsharing muss man das Auto dorthin zurückbringen, wo man es abgeholt hat. (Ja) (Nein)

6 Was sind Ihrer Meinung nach die Vorteile jeder Fortbewegungsart? Ordnen Sie zu.

zu Fuß gehen: _____

mit dem Rad fahren: _____

die öffentlichen Verkehrsmittel benutzen: _____

Carsharing: _____

a etwas für seine Gesundheit tun
b stressfreier und sicherer ans Ziel kommen
c mehr laufen
d etwas gegen die Luftverschmutzung tun
e fit bleiben
f vom Straßenverkehr unabhängig sein
g seinen Beitrag für eine sauberere Umwelt leisten
h die Autonutzung einschränken

i die Zeit zum Lesen und Musikhören nutzen können
j die Umwelt nicht mit unnötigen Abgasen belasten
k sich die Anschaffungs- und Unterhaltskosten für ein eigenes Auto sparen
l keine Benzin- und Parkplatzgebühren zahlen
m nicht im Stau stehen
n preiswert und umweltfreundlich fahren

7 Lesen Sie noch einmal die Aufgabe 8. Sammeln Sie dann aus den Aufgaben 1–6 die Ausdrücke und Ideen, die Sie für Ihren Forumsbeitrag benutzen möchten, und machen Sie einen Schreibplan.

▶ *mehr Übungen zum Wortschatz* **treffend! B2** (8.1, 8.4, 8.6)

Schreiben Teil 1
Tägliche Autonutzung

KAPITEL 3

8 Sie schreiben einen Forumsbeitrag zum Thema „Verkehrschaos in Großstädten".

– Äußern Sie Ihre Meinung zur täglichen Nutzung des Autos.

– Nennen Sie Gründe, warum die tägliche Autonutzung so verbreitet ist.

– Nennen Sie Alternativen zum Auto.

– Nennen Sie die Vorteile dieser Alternativen.

Denken Sie an eine Einleitung und einen Schluss. Bei der Bewertung wird darauf geachtet, wie genau die Inhaltspunkte bearbeitet sind, wie korrekt der Text ist und wie gut die Sätze und Abschnitte sprachlich miteinander verknüpft sind. Schreiben Sie mindestens **150** Wörter.

KAPITEL 4

Schreiben Teil 1
„Hotel Mama"

1 Lesen Sie die Aufgabe 7 auf Seite 26 und notieren Sie Ideen zu den vier Inhaltspunkten ins Heft.

2 a Warum wohnt ihr bei euren Eltern? Junge Leute aus Europa antworten. Wohnen die jungen Leute gern bei ihren Eltern? Lesen Sie die Texte und ordnen Sie zu.

wohnt gern bei den Eltern: _____   wohnt nicht gern bei den Eltern: _____

A  jojo123

Donnerstag um 9:03 Uhr

Wie viele Azubis wohne ich bei meinen Eltern. Solange ich in der Ausbildung bin, verdiene ich nicht genug, um auszuziehen. Aber, ehrlich gesagt, will ich das auch nicht. Ich verstehe mich gut mit meiner Familie und es gibt eigentlich keine Probleme. Okay, wenn man zu Hause wohnt, steckt man immer irgendwie in der Kinderrolle. Aber es ist auch schön, wenn immer etwas zu essen da ist und Mama eigentlich für alles sorgt. Aber ich helfe auch, ein bisschen 🙂.

Like   Zitieren

B  barra_#

Donnerstag um 12:11 Uhr

Also natürlich mache ich das nicht, weil ich das will. Aber ich studiere hier, in Barcelona, wo wir auch wohnen. Ich verdiene kein eigenes Geld und bin also von meinen Eltern finanziell abhängig. Ihr Einkommen ist nicht sehr hoch und sie können mich nicht unterstützen. Neben dem Studium zu jobben, ist nicht so einfach. Außerdem sind diese Nebenjobs völlig unterbezahlt und man verdient viel zu wenig. Meine Eltern finden auch, dass es besser wäre, wenn ich nicht zu Hause wohnen würde, denn dann würde ich lernen, selbstständig zu werden.

Like   Zitieren

C  tukutuk

Donnerstag um 14:57 Uhr

Ich hätte auch in Hamburg studieren können, anstatt hier bei uns in Wien. Aber ich wollte nicht so weit weg von meiner Familie. Ich liebe meine Eltern und meine Geschwister und finde es schön, dass wir noch alle zusammen wohnen. Ich würde nicht gern allein in einer fremden Stadt wohnen und ich fühle mich auch unsicher, weil ich nicht weiß, ob ich mit allem allein zurechtkommen würde.

Like   Zitieren

D  8-sonne

Donnerstag um 15:39 Uhr

Viele leben aus Bequemlichkeit zu Hause, da ist nämlich der Kühlschrank immer voll und die Wäsche ist gebügelt. Andere haben ein bisschen Angst vor dem Erwachsenwerden und bevorzugen die Sicherheit des Elternhauses. Bei mir aber hat das finanzielle Gründe. Ich habe leider keinen festen Job und bin oft arbeitslos oder „zwischen zwei Jobs", wie man ja heute eleganter sagt. Wenn ich wählen könnte, würde ich lieber allein wohnen, obwohl ich mich mit meinen Eltern gut verstehe.

Like   Zitieren

22

Schreiben Teil 1
„Hotel Mama"

KAPITEL 4

b Was finden die jungen Leute negativ, wenn man zu Hause wohnt? Suchen Sie in den Texten und machen Sie Notizen.

_____
_____

c Warum ziehen die jungen Leute nicht aus dem Elternhaus aus? Welche Gründe nennen sie? Was schreiben sie? Lesen Sie die Texte noch einmal und machen Sie Notizen ins Heft.

Personengruppen nennen und Wiederholungen vermeiden

Viele junge Leute leben noch zu Hause, weil …
Andere* wohnen bei den Eltern, denn …
Wiederum andere* …
Und nicht wenige* …

* Schreiben Sie nicht immer wieder „junge Leute". Wiederholungen sind stilistisch nicht gut.

3 Schreiben Sie einen Text mithilfe des gelben Kastens und Ihrer Notizen zu 2c.

Warum wohnen viele junge Leute noch zu Hause?

Viele junge Leute leben noch zu Hause, weil …
_____
_____
_____
_____
_____

KAPITEL 4

Schreiben Teil 1
„Hotel Mama"

4 a Lesen Sie den Fragebogen und füllen Sie ihn aus.

Fragebogen

Du bist 18 Jahre alt. Du studierst, machst eine Ausbildung oder arbeitest. Was möchtest du machen? Bewerte mit 1 (= am liebsten), 2 (= na ja) oder 3 (= auf gar keinen Fall).

Bei meinen Eltern wohnen. ☐
Mit Freunden eine WG gründen. ☐
Ein Zimmer in einer Wohngemeinschaft mieten. ☐
Eine eigene Wohnung mieten. ☐
Mit meinem Freund / meiner Freundin zusammenziehen. ☐
Eine eigene Wohnung kaufen. ☐
Ein Zimmer in einem Studentenheim mieten. ☐

b Das ist Pascal. Er möchte nicht mehr bei seinen Eltern wohnen. Am liebsten möchte er eine eigene Wohnung kaufen, aber das kann er sich nicht leisten. Er überlegt Alternativen.

> **Anstatt** eine eigene Wohnung **zu** kaufen, könnte ich vielleicht eine Wohnung mieten.

Und Sie? Welche Alternativen haben Sie? Schreiben Sie Sätze mit „anstatt … zu" wie Pascal.

_____
_____
_____
_____

Alternativen / andere Möglichkeiten nennen I

Anstatt … zu …, könnte man …

Eine andere/weitere Möglichkeit wäre, … zu …
Außerdem könnte man … oder …
Alternativ könnte man (auch) …
Noch eine Möglichkeit wäre, … zu …
Es besteht auch/weiterhin die Möglichkeit, … zu …

Und schließlich könnte man …

Schreiben Teil 1
„Hotel Mama"

KAPITEL 4

c Was könnte man noch machen, anstatt bei den Eltern zu wohnen? Schreiben Sie mindestens drei andere Möglichkeiten mit Ausdrücken aus dem gelben Kasten.

Anstatt _____

_____

_____

_____

_____

5 Alina überlegt, ob sie vielleicht von zu Hause auszieht. Ergänzen Sie die Sätze mit Ideen aus dem Kasten oder mit Ihren eigenen Ideen.

> die Wohnung / das Zimmer in seinem persönlichen Stil einrichten ◆ lernen, selbstständig zu sein ◆
> lernen, sich um alles selbst zu kümmern ◆ sehr viel gemeinsam unternehmen können ◆
> nicht ständig von seinen Eltern kontrolliert werden ◆ wirklich erwachsen werden ◆
> sich die Kosten und die Hausarbeit teilen können ◆ jeden Tag eine Party machen

a Wenn ich mir mit anderen eine Wohnung teile, _____

b Wenn ich mit anderen zusammenwohne, _____

c Wenn ich allein wohne, _____

d Wenn ich von zu Hause ausziehe, _____

e Nur wenn ich nicht mehr bei meinen Eltern wohne, _____

6 Lesen Sie noch einmal die Aufgabe 7. Sammeln Sie dann aus den Aufgaben 1–5 die Ausdrücke und Ideen, die Sie für Ihren Forumsbeitrag benutzen möchten, und machen Sie einen Schreibplan.

▶ *mehr Übungen zum Wortschatz* **treffend! B2** (1.5, 5.6, 5.7)

Schreiben Teil 1
„Hotel Mama"

7 Sie schreiben einen Forumsbeitrag zum Thema „Hotel Mama".

- Äußern Sie Ihre Meinung dazu, dass sehr viele junge Erwachsene noch bei ihren Eltern wohnen.

- Nennen Sie Gründe, warum so viele junge Leute noch bei ihren Eltern wohnen.

- Nennen Sie andere Wohnmöglichkeiten für junge Leute.

- Nennen Sie die Vorteile der anderen Möglichkeiten.

Denken Sie an eine Einleitung und einen Schluss. Bei der Bewertung wird darauf geachtet, wie genau die Inhaltspunkte bearbeitet sind, wie korrekt der Text ist und wie gut die Sätze und Abschnitte sprachlich miteinander verknüpft sind. Schreiben Sie mindestens **150** Wörter.

Schreiben Teil 1
Online-Dating

KAPITEL 5

1 Lesen Sie die Aufgabe 5 auf Seite 30 und notieren Sie Ideen zu den vier Inhaltspunkten ins Heft.

2 a Jana möchte über Online-Dating einen Partner suchen. In einem Chatroom fragt sie andere nach ihrer Meinung. Wer ist für (+) wer gegen (–) Online-Dating? Markieren Sie.

●●●○○ 🛜   17:18   50% 🔋

‹ Chat (3)

jana: Ich bin schon längere Zeit allein und möchte mich bei so einer Online-Singlebörse anmelden. Was haltet ihr davon?

timo: Partnersuche im Internet ist schon lange kein Tabu mehr. Im Gegenteil: Singlebörsen und Dating-Sites gewinnen immer mehr Anhänger. Deshalb kann man da auch sicher mehr Singles kennenlernen als in seinem Freundes- oder Bekanntenkreis. Und es ist auch einfacher einen passenden Partner zu finden, mit dem man gemeinsame Interessen hat. Ich würde es auf jeden Fall mal ausprobieren.

nele: Also, ich habe neulich ein paar Wochen bei so einer Singlebörse mit einem Mann locker gechattet. Alles hat super geklappt. Bis zum ersten Treffen. Da war ich wirklich enttäuscht. Der Typ war nämlich ganz anders, als ich erwartet hatte. Er kam mir plötzlich sehr seltsam vor. Und so jung und sportlich wie auf dem Foto war er auch nicht.

svenja: Das überrascht mich nicht. Auf solchen Dating-Sites gibt es sicher auch Leute, die sich anders präsentieren, als sie in Wirklichkeit sind. Jeder kann sich doch perfekt darstellen, die schönsten Fotos von sich zeigen und – warum auch nicht – Lügen über sich erzählen. Ich würde es nie riskieren, mit einem wildfremden Mann Kontakt zu knüpfen und mich dann auch noch mit ihm zu treffen.

marcel: So was kann doch mal passieren und nicht nur im virtuellen Raum, sondern auch im echten Leben. Dennoch finde ich Dating-Sites ganz praktisch. Ich stehe nämlich die ganze Woche unter Zeitdruck, komme erschöpft von der Arbeit zurück und habe dann keine große Lust mehr, noch auszugehen. Es ist mir lieber, bequem von zu Hause aus im Internet jemanden kennenzulernen. Ich glaube, es ist effektiver, als einfach da draußen zu warten, bis man der richtigen Frau begegnet.

julian: Mir fällt es eigentlich ziemlich schwer, eine junge Frau auf einer Party oder in einer Bar direkt anzusprechen. Mir fehlt einfach der Mut dazu. Online zu flirten, finde ich dagegen einfacher. Ich bin dann nicht so nervös und fühle mich sicherer. Für etwas schüchterne und kontaktscheue Menschen sind Dating-Sites eine gute Möglichkeit, einen Partner zu finden.

julia: Aus einer Menge von Profilen den passenden Partner auszuwählen, mit ihm stundenlang zu chatten, bis es zu einem Date kommt. Und dann auch dafür noch zu zahlen, denn solche Seiten sind ja meistens kostenpflichtig. Da verschwendet man doch nur seine Zeit. Ich versuche es lieber offline. Da habe ich wenigstens einen direkten Eindruck vom anderen.

Schreiben Teil 1
Online-Dating

b Was ist das Gegenteil? Ergänzen Sie in der richtigen Form.

> unterschiedlich ◆ kostenpflichtig ◆ virtuell ◆ offline

1 gemeinsame Interessen haben ↔ _____ Interessen haben
2 im echten Leben ↔ im _____ Raum
3 etwas ist kostenlos ↔ etwas ist _____
4 jemanden online kennenlernen ↔ jemanden _____ kennenlernen

c Was passt? Unterstreichen Sie in 2a die Ausdrücke 1–9 und ordnen Sie dann zu.

1 Anhänger gewinnen
2 sich anders präsentieren
3 etwas riskieren
4 mit jemandem Kontakt knüpfen
5 unter Zeitdruck stehen
6 jemandem begegnen
7 jemandem schwerfallen
8 schüchtern und kontaktscheu sein
9 seine Zeit verschwenden

a seine Zeit nicht sinnvoll nutzen
b beginnen, mit jemandem Kontakt zu haben
c sich unsicher / nicht selbstbewusst fühlen und nur schwer Kontakt bekommen
d für jemanden nicht einfach sein / sich große Mühe geben müssen
e Fans bekommen
f zu wenig Zeit haben
g sich anders zeigen
h etwas Riskantes machen / ein Risiko eingehen
i jemanden zufällig treffen

d Markieren Sie in 2a die Argumente, die <u>für</u> oder <u>gegen</u> Online-Partnersuche sprechen.

e Sind Sie für oder gegen eine Online-Partnersuche? Kreuzen Sie an. Machen Sie dann Notizen mit den Argumenten, die Ihre Meinung unterstützen.

🙂 ◯   ☹ ◯

_____
_____
_____
_____

Schreiben Teil 1
Online-Dating

KAPITEL 5

3 a Was würden Sie Jana vorschlagen, um jemanden offline kennenzulernen? Kreuzen Sie an.

- einen Kurs speziell für Singles besuchen, z.B. einen Tanzkurs oder einen Kochkurs ○
- auf Single-Partys gehen ○
- eine Single-Reise machen ○
- oft ausgehen und offen für Neues und neue Leute sein ○
- öfter Freunde einladen, die auch andere Freunde mitbringen ○
- an der Uni, am Arbeitsplatz, am Ausbildungsplatz flirten ○
- Mitglied in einem Sportverein oder einem Tierschutzverein werden ○
- auf Festivals, Konzerte, Partys gehen ○
- sich einfach Orte aussuchen, wo man gern ist, und dort öfter hingehen ○

b Was meinen Sie? Welche Vorteile gibt es, wenn man jemanden offline kennenlernt? Bewerten Sie mit 4 (= wichtiger Vorteil) bis 0 (= kein Vorteil).

- unter Leuten sein und nicht allein zu Hause sitzen ○
- spontan flirten ○
- etwas aktiv unternehmen ○
- Leuten im echten und nicht im virtuellen Leben begegnen ○
- die Liebe auf den ersten Blick wird nicht ausgeschlossen ○
- einen direkten Eindruck vom anderen haben ○
- lernen, Geduld zu haben ○
- sich mit Körpersprache ausdrücken können ○
- direkt Kontakt knüpfen ○
- sich amüsieren und neue Leute kennenlernen ○

Vorteile aufzählen

Der wichtigste Vorteil / Ein sehr wichtiger Vorteil ist, dass ...

Ein weiterer/anderer wichtiger/großer Vorteil ist, dass ...
Dass ..., ist ebenfalls vorteilhaft/positiv.

Von Vorteil ist schließlich auch, dass ...

Schreiben Teil 1
Online-Dating

c Schreiben Sie vier Vorteile mit Ausdrücken aus dem gelben Kasten.

Jemanden offline kennenzulernen, bietet verschiedene Vorteile:

_____
_____
_____
_____
_____

4 Lesen Sie noch einmal die Aufgabe 5. Sammeln Sie dann aus den Aufgaben 1–3 die Ausdrücke und Ideen, die Sie für Ihren Forumsbeitrag benutzen möchten, und machen Sie einen Schreibplan.

▶ mehr Übungen zum Wortschatz **treffend! B2** (2.1-2.5)

5 Sie schreiben einen Forumsbeitrag zum Thema „Online-Partnersuche".

– Äußern Sie Ihre Meinung zu Online-Dating.

– Begründen Sie, warum Sie für oder gegen Online-Dating sind.

– Schlagen Sie andere Möglichkeiten vor, eine Partnerin / einen Partner kennenzulernen.

– Nennen Sie die Vorteile der anderen Möglichkeiten.

Denken Sie an eine Einleitung und einen Schluss. Bei der Bewertung wird darauf geachtet, wie genau die Inhaltspunkte bearbeitet sind, wie korrekt der Text ist und wie gut die Sätze und Abschnitte sprachlich miteinander verknüpft sind. Schreiben Sie mindestens **150** Wörter.

Schreiben Teil 2
Sprachkurs wechseln

KAPITEL 6

1 **a** Lesen Sie die Aufgabe 6 auf Seite 36 und wählen Sie Ihr Thema.

b Lesen Sie Ihr Thema. In welcher Situation befinden Sie sich? Notieren Sie.

Meine Situation:

– Was mache ich? _____

– Warum schreibe ich? _____

– An wen schreibe ich? _____

– Was schreibe ich? Eine Nachricht oder eine E-Mail? _____

c Lesen Sie die Inhaltspunkte. Was sollen Sie machen? Kreuzen Sie an.

- ○ um etwas bitten
- ○ nach anderen Möglichkeiten fragen
- ○ mich entschuldigen
- ○ Gründe nennen
- ○ etwas erklären
- ○ etwas schildern/beschreiben

2 Sie besuchen einen Sprachkurs und sind begeistert. Schreiben Sie Ihrem Freund Tim, warum Ihnen der Sprachkurs so gut gefällt. Schreiben Sie mindestens vier Gründe. Die Ausdrücke im Kasten können Ihnen helfen.

> viel lernen? ◆ Lehrerin/Lehrer? ◆ gut vorbereitet? ◆ Unterricht? ◆ andere Teilnehmer? ◆ Lehrwerk? ◆ Themen? ◆ viel sprechen? ◆ ...

Hallo Tim, der Sprachkurs ist absolut super. _____

_____

_____

_____

Schreiben Teil 2
Sprachkurs wechseln

3 a Mona Hagen ist Malerin und gibt Zeichenunterricht. Dienstags und donnerstags hat sie nachmittags eine kleine Gruppe mit sechs Anfängern. Von allen erhält sie eine Nachricht. Lesen Sie die Nachrichten und ergänzen Sie die Höflichkeitsform.

Melanie
Liebe Frau Hagen, ich muss _____ leider sagen, dass ich dienstags und donnerstags keine Zeit mehr habe, weil ich Nachhilfe in Mathe brauche.

Gefällt mir · Antworten · 10 Std.

Lars
Ja, ich kann leider auch nicht. Ich mache jetzt im Sommersemester nachmittags ein Praktikum. Haben _____ vielleicht einen Vormittagskurs für Anfänger?

Gefällt mir · Antworten · 9 Std.

Britta
Unsere Babysitterin hat einen festen Job gefunden und hat nur noch an den Vormittagen Zeit. Deshalb passt es mir auch nicht mehr nachmittags.

Gefällt mir · Antworten · 5 Std.

Michel
Und ich arbeite nun immer von zwei bis zehn Uhr abends, die Mittagsschicht.

Gefällt mir · Antworten · 3 Std.

Fabian
Ja, und ich muss jetzt nachmittags auf meine kleine Schwester aufpassen. Meine Mutter hat endlich eine Arbeit gefunden!!! ... Aber, Frau Hagen, hätten _____ vielleicht am Samstagmorgen Zeit? Ich habe mit den anderen gesprochen. Da könnten wir alle!

Gefällt mir · Antworten · 1 Std.

Marcel
Ja! Dienstags und donnerstags kann ich nämlich auch nicht mehr. _____ Kurs finde ich aber ganz toll und ich möchte gerne bei _____ weitermachen.

Gefällt mir · Antworten · 25 Min.

Kommentieren ...

b Alle haben plötzlich am Dienstag- und am Donnerstagnachmittag keine Zeit mehr. Warum? Unterstreichen Sie.

c Warum hat Marcel zu diesem Termin keine Zeit mehr? Was meinen Sie? Erklären Sie sein Problem.

_____

_____

Schreiben Teil 2
Sprachkurs wechseln

KAPITEL 6

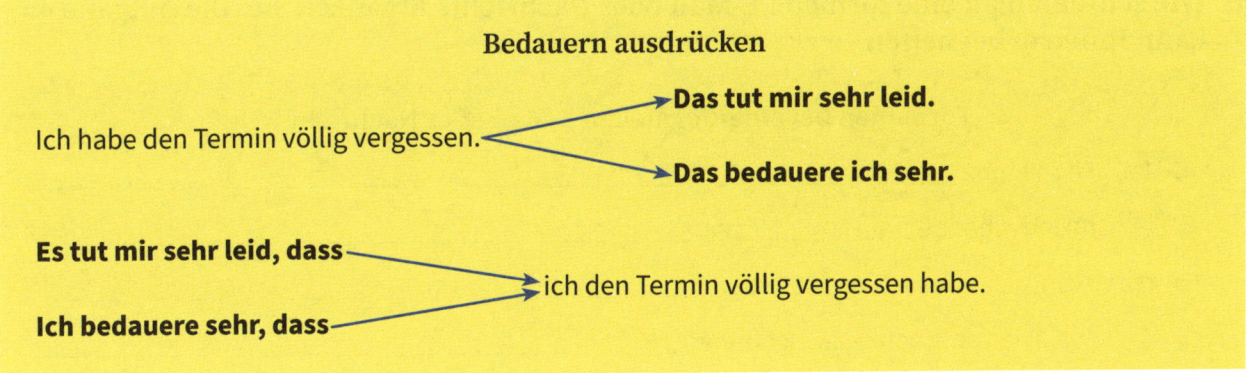

Bedauern ausdrücken

Ich habe den Termin völlig vergessen. → Das tut mir sehr leid.
→ Das bedauere ich sehr.

Es tut mir sehr leid, dass → ich den Termin völlig vergessen habe.
Ich bedauere sehr, dass

höflich um etwas bitten

Könnten Sie mir **bitte** einen neuen Termin geben?
Ich möchte Sie bitten, mir einen neuen Termin **zu** geben.

4 a Sie machen ein Praktikum bei einer deutschen Firma. Aber manchmal gibt es Probleme. Schreiben Sie eine formelle E-Mail (an Ihren Abteilungsleiter, Herrn Bauer) und eine formelle Nachricht (an Ihre Praktikumsleiterin, Frau Meyer) mit den Informationen unten. Verwenden Sie dabei die Redemittel aus den gelben Kästen und unterschreiben Sie mit Vor- und Nachnamen.

E-Mail

Datei mit der neuen Preisliste verloren – mir die Datei noch einmal schicken

Neue E-Mail

Betreff: Datei mit neuer Preisliste
Sehr geehrter Herr Bauer,

_____
_____
_____
_____

Vielen Dank im Voraus.
Mit freundlichen Grüßen
_____

Nachricht

Meeting am Dienstag wegen einem Stau verpasst – mir sagen, wann das nächste Meeting stattfindet

Sehr geehrte Frau Meyer,

_____
_____
_____
_____
_____
_____
_____

16:47

KAPITEL 6

Schreiben Teil 2
Sprachkurs wechseln

b Wie schreibt man eine formelle E-Mail oder Nachricht? Ergänzen Sie. Die Aufgabe 4a kann Ihnen dabei helfen.

Formalien bei einer formellen E-Mail oder Nachricht I

– E-Mail: Ich schreibe _____

– Nachricht: Ich schreibe _keinen „Betreff:"_ _____

– Anrede: wenn ich an eine Frau schreibe: _____

          wenn ich an einen Mann schreibe: _____

– Ich benutze nicht *du*, *dir*, *dein-*, sondern: _____

– Wenn ich um etwas bitte, schreibe ich am Schluss: _____

– Als Gruß benutze ich: _____

– Ich unterschreibe immer mit: _____

c Sie machen ein Praktikum in einer deutschen Firma und wollen eine E-Mail an Ihren Praktikumsleiter schreiben. Was könnten Sie in den folgenden Situationen als „Betreff" schreiben?

1 Sie sind krank und können am morgigen Projekttreffen nicht teilnehmen.

  Betreff: _____

2 Sie haben den Auftrag, für eine Besprechung Unterlagen zu kopieren, aber der Drucker ist kaputt.

  Betreff: _____

3 Zusammen mit einer Kollegin sollen Sie bis Freitag einen Text aus dem Englischen übersetzen. Aber die Kollegin hat bis Freitag Urlaub genommen und allein schaffen Sie die Arbeit nicht.

  Betreff: _____

4 Ihre Aufgabe ist es, Firmenkunden telefonisch über ein neues Sonderangebot zu informieren, aber viele Kunden reagieren unfreundlich.

  Betreff: _____

Schreiben Teil 2
Sprachkurs wechseln

KAPITEL 6

5 a Lesen Sie noch einmal die Aufgabe 6. Überlegen Sie sich eine passende Reihenfolge für die Inhaltspunkte und nummeriere Sie diese von 1 bis 4.

b Sammeln Sie dann aus den Aufgaben 2–4 die Ideen und Ausdrücke, die Sie für Ihre E-Mail benutzen möchten, und schreiben Sie diese in den Schreibplan.

c Ergänzen Sie schließlich den Schreibplan mit weiteren Ausdrücken und eigenen Ideen.

Schreibplan

Betreff: _____

Anrede: _____

Inhaltspunkt 1: _____
_____

Inhaltspunkt 2: _____
_____

Inhaltspunkt 3: _____
_____

Inhaltspunkt 4: _____
_____

(Schluss: _____)

Gruß: _____

Unterschrift: _____

KAPITEL 6

Schreiben Teil 2
Sprachkurs wechseln

6 Wählen Sie Ihr Thema: a oder b?

a für Jugendliche

Du besuchst mittwochs und freitags einen Spanischkurs. Jetzt hast du aber an diesen Tagen keine Zeit mehr und möchtest in einen anderen Kurs wechseln. Schreibe eine E-Mail an den Sekretär der Sprachschule, Herrn Stattner.

Situation

- Begründe, warum dir der Kurswechsel leidtut.
- Erkläre das Problem.
- Erkundige dich nach Alternativen.
- Bitte um entsprechendes Informationsmaterial.

Inhaltspunkte

Überleg dir eine passende Reihenfolge für die Inhaltspunkte.
Bei der Bewertung wird darauf geachtet, wie genau die Inhaltspunkte bearbeitet sind, wie korrekt der Text ist und wie gut die Sätze und Abschnitte sprachlich miteinander verknüpft sind. Vergiss nicht Anrede und Gruß. Schreibe mindestens **100** Wörter.

b für Erwachsene

Sie besuchen mittwochs und freitags einen Spanischkurs. Jetzt haben Sie aber an diesen Tagen keine Zeit mehr und möchten in einen anderen Kurs wechseln. Schreiben Sie eine E-Mail an den Sekretär der Sprachschule, Herrn Stattner.

Situation

- Begründen Sie, warum Ihnen der Kurswechsel leidtut.
- Erklären Sie das Problem.
- Erkundigen Sie sich nach Alternativen.
- Bitten Sie um entsprechendes Informationsmaterial.

Inhaltspunkte

Überlegen Sie sich eine passende Reihenfolge für die Inhaltspunkte.
Bei der Bewertung wird darauf geachtet, wie genau die Inhaltspunkte bearbeitet sind, wie korrekt der Text ist und wie gut die Sätze und Abschnitte sprachlich miteinander verknüpft sind. Vergessen Sie nicht Anrede und Gruß. Schreiben Sie mindestens **100** Wörter.

Schreiben Teil 2
Basar/Fotoausstellung mitorganisieren

KAPITEL 7

1 a Lesen Sie die Aufgabe 7 auf Seite 42 und wählen Sie Ihr Thema.

b Lesen Sie Ihr Thema. In welcher Situation befinden Sie sich? Notieren Sie.

Meine Situation:

– Was mache ich? _____

– Warum schreibe ich? _____

– An wen schreibe ich? _____

– Was schreibe ich? Eine Nachricht oder eine E-Mail? _____

c Lesen Sie die Inhaltspunkte. Was sollen Sie machen? Kreuzen Sie an.

○ Verständnis zeigen ○ nach anderen Möglichkeiten fragen
○ Vorschläge machen ○ um Verständnis bitten
○ beschreiben, wie etwas passiert ist ○ erklären, warum ich etwas bedaure

2 Sie schreiben an folgende Personen. Welche Anrede passt? Kreuzen Sie an. Der gelbe Kasten auf Seite 38 kann Ihnen dabei helfen. Bei einigen Personen sind auch beide Anreden möglich.

Sie schreiben an ...	Anrede + Gruß	
	Sehr geehrte Frau ... / Sehr geehrter Herr ... ... Mit freundlichen Grüßen	Liebe Frau ... / Lieber Herr ... ... Viele Grüße
Ihre Lehrerin / Ihren Lehrer		
Ihre Praktikumsleiterin / Ihren Praktikumsleiter		
die Chefin / den Chef Ihrer Firma		
Ihre Kollegin / Ihren Kollegen		
Ihre Professorin / Ihren Professor		
die Bürgermeisterin / den Bürgermeister Ihrer Stadt		
die Vorgesetzte / den Vorgesetzten Ihrer Abteilung		
Ihre Schuldirektorin / Ihren Schuldirektor		

KAPITEL 7

Schreiben Teil 2
Basar/Fotoausstellung mitorganisieren

Formalien bei einer formellen E-Mail oder Nachricht II

Wenn ich an jemanden schreibe, den ich ganz gut kenne (z.B. Kollegin/Kollegen, Lehrerin/Lehrer), kann ich auch Folgendes schreiben:

Liebe Frau … / Lieber Herr …
…
Viele Grüße

Ich muss aber <u>immer</u> die Höflichkeitsform benutzen.

---

3 a Wie haben sich die Personen verletzt? Unterstreichen Sie.

> Gestern bin ich beim Fußballtraining mal wieder hingefallen, aber diesmal habe ich mir leider mein rechtes Bein gebrochen. Jetzt muss ich fünf Wochen einen Gips tragen.

Frank (16)

> Also ich wollte nach der Arbeit noch schnell etwas im Supermarkt einkaufen. Und da ist es passiert. In der Obst- und Gemüseabteilung bin ich ausgerutscht und habe mir mein linkes Knie verletzt. Gebrochen habe ich mir glücklicherweise nichts, aber ich kann vor Schmerzen kaum laufen.

Silvia (26)

> Beim Aufräumen bin ich über einen Schuh gestolpert und habe mir den rechten Fuß verstaucht. Der Arzt hat gesagt, ich soll den Fuß nicht belasten, deshalb laufe ich im Haus mit Krücken herum. So ein Pech.

Lars (20)

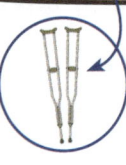

> Auf dem Weg nach Hause bin ich vom Rad gestürzt und habe mir meinen rechten Arm gebrochen. Ich muss natürlich einen Gipsverband tragen. Zum Glück bin ich Linkshänderin.

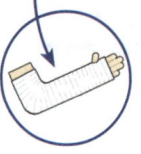

Melanie (17)

Schreiben Teil 2
Basar/Fotoausstellung mitorganisieren

KAPITEL 7

b Ordnen Sie die Skizzen den Texten in 3a zu und ergänzen Sie das entsprechende Verb im Infinitiv.

1 _____

2 _____ über

3 _____ von

4 _____

4 Schreiben Sie zwei kurze Nachrichten. Erklären Sie Ihre Situation und bitten Sie um Verständnis. Verwenden Sie dabei Redemittel aus dem gelben Kasten.

um Verständnis bitten

Ich bitte Sie um (Ihr) Verständnis.
Ich bitte Sie, Verständnis zu zeigen.
Bitte haben Sie dafür Verständnis.
Ich hoffe, dass Sie für meine/diese Situation Verständnis haben.
Ich hoffe, dass Sie meine Situation verstehen (können).

Situation 1
Sie sind Studentin/Student und müssen bis Freitag bei Ihrere Professorin, Frau Möller, ein Referat abgeben, können aber den Termin wegen einer Armverletzung nicht einhalten, da Sie einen Unfall mit dem Rad hatten. Schreiben Sie ihr eine Nachricht und bitten Sie sie um Verständnis.

Nachricht 1

_____
_____
_____
_____
_____
_____
_____

39

KAPITEL 7

Schreiben Teil 2
Basar/Fotoausstellung mitorganisieren

Situation 2
Sie arbeiten in einer deutschen Firma und können wegen einer Verletzung nicht an der geplanten Dienstreise am Mittwoch teilnehmen. Schreiben Sie eine Nachricht an den Geschäftsführer, Herrn Seidel, und bitten Sie ihn um Verständnis.

Nachricht 2

_____
_____
_____
_____
_____
_____
_____
_____

5 a Ihre Firma veranstaltet am kommenden Samstag ein Sommerfest für einen guten Zweck. Wegen einer Beinverletzung müssen Sie zwar zwei Wochen zu Hause bleiben, möchten aber trotzdem bei den Vorbereitungen helfen. Welche Aufgaben könnten Sie von zu Hause aus erledigen? Kreuzen Sie an.

- ○ checken, ob alle Einladungen abgeschickt wurden
- ○ Einladungen per E-Mail verschicken
- ○ das Veranstaltungsprogramm tippen
- ○ Info-Flyer an Besucher verteilen
- ○ verschiedene Tipparbeiten oder Schreibarbeiten erledigen
- ○ die Gäste empfangen
- ○ die Firmen-Website im Hinblick auf die Veranstaltung aktualisieren
- ○ Beiträge über die Veranstaltung auf Facebook posten
- ○ sich um die Lieferung von Snacks und Getränken kümmern
- ○ Musik auswählen
- ○ Telefonate mit Kunden führen
- ○ beim Verkauf und Verteilen von Erfrischungen helfen

Schreiben Teil 2
Basar/Fotoausstellung mitorganisieren

KAPITEL 7

- ◯ Gästelisten checken und Absagen und Zusagen eintragen
- ◯ Namensschilder für die Gäste herstellen
- ◯ Gäste, die auf die Einladung per Mail nicht geantwortet haben, anrufen und persönlich einladen
- ◯ Fotos von dem Event machen
- ◯ Eintrittskarten verkaufen

b Schreiben Sie Ihrem Kollegen, Herrn Stein, der für die Organisation des Sommerfestes zuständig ist, mindestens drei Vorschläge und verwenden Sie dabei die Ausdrücke aus dem gelben Kasten.

> **einen Vorschlag machen**
>
> Ich könnte …
> Vielleicht wäre es gut, …
> Was halten Sie davon, wenn ich …
>
> Außerdem/Ferner/Weiterhin/ Darüber hinaus könnte ich (vielleicht) …

_____
_____
_____
_____

6 a Lesen Sie noch einmal die Aufgabe 7. Überlegen Sie sich eine passende Reihenfolge für die Inhaltspunkte und nummerieren Sie diese von 1 bis 4.

b Sammeln Sie dann aus den Aufgaben 3–5 die Ideen und Ausdrücke, die Sie benutzen möchten, und machen Sie einen Schreibplan. Ergänzen Sie ihn mit weiteren Ausdrücken und eigenen Ideen.

Schreiben Teil 2
Basar/Fotoausstellung mitorganisieren

KAPITEL 7

7 Wählen Sie Ihr Thema: a oder b?

a für Jugendliche

Deine Klasse organisiert am Wochenende einen Basar für einen guten Zweck, aber du kannst wegen einer Beinverletzung nicht daran teilnehmen. Schreibe eine Nachricht an deinen Klassenlehrer, Herrn Beck, der für die Organisation verantwortlich ist.

- Bitte um Verständnis für deine Situation.
- Schildere, wie es zu der Verletzung gekommen ist.
- Sage, warum du deine Abwesenheit bedauerst.
- Schlage vor, wie du trotzdem bei den Vorbereitungen und dem Basar helfen kannst.

Überleg dir eine passende Reihenfolge für die Inhaltspunkte.
Bei der Bewertung wird darauf geachtet, wie genau die Inhaltspunkte bearbeitet sind, wie korrekt der Text ist und wie gut die Sätze und Abschnitte sprachlich miteinander verknüpft sind. Vergiss nicht Anrede und Gruß. Schreibe mindestens **100** Wörter.

b für Erwachsene

Ihre Firma organisiert am Wochenende eine Fotoausstellung für einen guten Zweck, aber Sie können wegen einer Beinverletzung nicht daran teilnehmen. Schreiben Sie eine Nachricht an Ihre Kollegin, Frau Tabor, die für die Organisation der Ausstellung verantwortlich ist.

- Bitten Sie um Verständnis für Ihre Situation.
- Schildern Sie, wie es zu der Verletzung gekommen ist.
- Sagen Sie, warum Sie Ihre Abwesenheit bedauern.
- Schlagen Sie vor, wie Sie trotzdem bei den Vorbereitungen und der Ausstellung helfen können.

Überlegen Sie sich eine passende Reihenfolge für die Inhaltspunkte.
Bei der Bewertung wird darauf geachtet, wie genau die Inhaltspunkte bearbeitet sind, wie korrekt der Text ist und wie gut die Sätze und Abschnitte sprachlich miteinander verknüpft sind. Vergessen Sie nicht Anrede und Gruß. Schreiben Sie mindestens **100** Wörter.

Schreiben Teil 2
Praktikum im Kaufhaus

KAPITEL 8

1 **a** Lesen Sie die Aufgabe 5 auf Seite 47 und wählen Sie Ihr Thema.

b Lesen Sie Ihr Thema. In welcher Situation befinden Sie sich? Notieren Sie.

Meine Situation:

– Was mache ich? _____

– Warum schreibe ich? _____

– An wen schreibe ich? _____

– Was schreibe ich? Eine Nachricht oder eine E-Mail? _____

> Manchmal steht in der Aufgabe nicht, welche Textsorte (Nachricht oder E-Mail) Sie schreiben sollen. Dann wählen Sie.

c Lesen Sie die Inhaltspunkte. Was sollen Sie machen? Kreuzen Sie an.

○ etwas erklären
○ Begeisterung äußern
○ etwas vorschlagen
○ mich entschuldigen
○ Verständnis zeigen
○ um etwas bitten

2 **a** Lesen Sie die Praktikumsanzeige auf Seite 44. Ein Praktikant muss verschiedene Aufgaben übernehmen. Welche Aufgaben zeigen die Fotos? Notieren Sie.

1    2    3

_____   _____   _____
_____   _____   _____

43

Schreiben Teil 2
Praktikum im Kaufhaus

Praktikum bei KAUFPARADIES

Wenn Sie Kauffrau/Kaufmann im Einzelhandel werden möchten, bietet Ihnen ein Praktikum in einem unserer Kaufhäuser viele Vorteile. Wir sind eine der führenden Kaufhausketten Deutschlands, denn bei uns werden Qualität und Kundenservice großgeschrieben.

Was erwartet Sie beim Praktikum?
- Sie bekommen einen ersten Einblick in Ihr künftiges Berufsleben und sammeln erste praktische Kenntnisse und Erfahrungen.
- Sie lernen die Organisation eines Kaufhauses kennen und sehen, wie die verschiedenen Abteilungen zusammenarbeiten.
- Sie erfahren, was beim Verkaufsgespräch und der Kundenberatung zu beachten ist und wenden Ihr neues Wissen in der Praxis an.

Zu Ihren Aufgaben während des Praktikums gehören ferner:
- Schaufensterdekoration
- Warenpräsentation auf Boden- und Wandregalen
- Einpacken der Ware an der Kasse
- Bedienung des Tablets zur Kundenberatung
- Unterstützung des Fachpersonals bei der Lagerverwaltung

Was erwarten wir von Ihnen?
- Freude am Kontakt mit unterschiedlichen Menschen
- Begeisterung für den Handel
- Großes Interesse für Mode und Trends
- Gute Umgangsformen

Bewerben Sie sich online praktikum@kaufparadies.de

www.kaufparadies.de

b Wie steht es in der Anzeige? Notieren Sie.

1 Sie wollen in einem Geschäft in den Bereichen Verkauf und Verwaltung arbeiten.

   Sie möchten _____ werden.

2 Wir sind eine der größten deutschen Kaufhausketten.
   _____

3 Wir finden Qualität und Kundenservice sehr wichtig.
   _____

4 Sie können Ihr künftiges Berufsleben zum ersten Mal kennenlernen.
   _____

5 Sie müssen bei Ihrem Praktikum auch noch andere Dinge machen:
   _____

6 Sie finden es gut, wenn Sie Kontakt mit unterschiedlichen Menschen haben.

   Sie haben _____

7 Sie wissen, wie man nett und höflich mit Leuten umgeht.

   Sie haben _____

c Lesen Sie die Anzeige noch einmal. Was finden Sie bei dem Praktikum interessant? Unterstreichen Sie.

Schreiben Teil 2
Praktikum im Kaufhaus

KAPITEL 8

Interesse und Begeisterung ausdrücken

Mich begeistert vor allem … / , dass …
Ich freue mich (auch) sehr auf … / darauf, dass …
Ganz besonders interessiert mich (auch) … / , dass …
Besonders spannend finde ich (außerdem) … / , dass …

---

d Sie bewerben sich um einen Praktikumsplatz bei *Kaufparadies*. Dazu gehört auch, dass Sie schreiben, warum Sie der Praktikumsplatz interessiert. Schreiben Sie mindestens drei Gründe. Die Ausdrücke im gelben Kasten können Ihnen dabei helfen.

Ich möchte Ihnen versichern, dass der Praktikumsplatz mich wirklich sehr interessiert.

_____
_____
_____

3 a Was könnte Mina schreiben, warum sie das Treffen verpasst hat? Was meinen Sie? Kreuzen Sie an.

> Elf Uhr! Oh Gott, ich habe den Wecker nicht gehört. Und jetzt habe ich das superwichtige Meeting für das Praktikum verpasst. … Ich muss eine E-Mail an Frau Malick schreiben, warum ich nicht da war. Und mich natürlich entschuldigen. Was kann ich denn da schreiben?

> Also, Mina, sicher nicht, dass du den Wecker nicht gehört hast!!!!!!!

○ Mit meinem Bus gab es einen Unfall und ich musste warten, bis die Polizei kam, um als Zeugin auszusagen.

○ Ich habe den Bus verpasst.

○ Das U-Bahn-Personal streikt seit gestern.

○ Meine Nachbarin hatte einen Unfall mit dem Fahrrad. Da sie verletzt war, habe ich die Notrufzentrale angerufen und mit ihr auf den Krankenwagen gewartet.

○ Mein Handy hat nicht funktioniert und deshalb hat es mich nicht geweckt.

○ Ich war gestern mit meiner Familie in einem Eiscafé und jetzt haben wir alle eine Lebensmittelvergiftung.

○ Mein Fahrrad wurde gestohlen.

○ Wegen dem Marathonlauf gab es einen großen Stau in der Innenstadt.

KAPITEL 8
Schreiben Teil 2
Praktikum im Kaufhaus

> **sich entschuldigen**
>
> Ich möchte mich dafür entschuldigen, dass …
> Es tut mir sehr/außerordentlich leid, dass …
> Entschuldigen Sie bitte, dass …
> Ich möchte Sie dafür um Entschuldigung bitten, dass …
> … Dafür möchte ich mich entschuldigen.
> … Das tut mir sehr/außerordentlich leid.
> … Dafür möchte ich Sie um Entschuldigung bitten.

b Schreiben Sie eine Nachricht an Frau Malick. Entschuldigen Sie sich und erklären Sie, warum Sie das Treffen verpasst haben. Die Ausdrücke im gelben Kasten und in 3a können Ihnen dabei helfen.

_____
_____
_____
_____
_____

4 a Lesen Sie noch einmal die Aufgabe 5. Überlegen Sie sich eine passende Reihenfolge für die Inhaltspunkte und nummerieren Sie diese von 1 bis 4.

b Sammeln Sie dann aus den Aufgaben 2–4 die Ideen und Ausdrücke, die Sie benutzen möchten, und machen Sie einen Schreibplan. Ergänzen Sie ihn mit weiteren Ausdrücken und eigenen Ideen.

Schreiben Teil 2
Praktikum im Kaufhaus

KAPITEL 8

5 Wählen Sie Ihr Thema: a oder b?

a für Jugendliche

Du hast einen Praktikumsplatz in einem Berliner Kaufhaus bekommen. An der Einführungsveranstaltung für Praktikanten, bei der auch Informationsmaterial verteilt wurde, konntest du aber leider nicht teilnehmen. Du schreibst an den Praktikumsleiter, Herrn Köllmann.

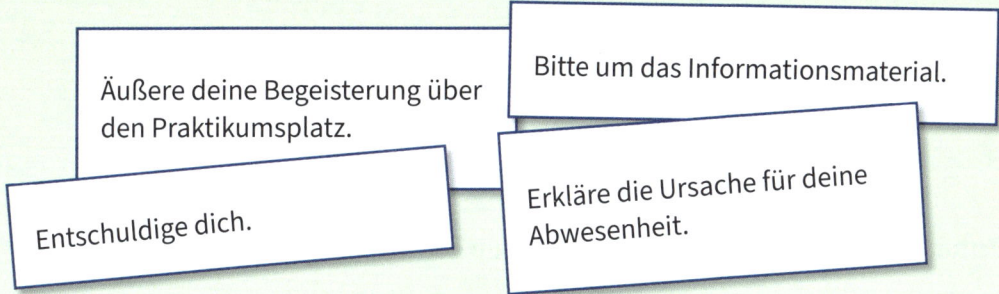

Überleg dir eine passende Reihenfolge für die Inhaltspunkte.
Bei der Bewertung wird darauf geachtet, wie genau die Inhaltspunkte bearbeitet sind, wie korrekt der Text ist und wie gut die Sätze und Abschnitte sprachlich miteinander verknüpft sind. Vergiss nicht Anrede und Gruß. Schreibe mindestens **100** Wörter.

b für Erwachsene

Sie haben einen Praktikumsplatz in einem Berliner Kaufhaus bekommen. An der Einführungsveranstaltung für Praktikanten, bei der auch Informationsmaterial verteilt wurde, konnten Sie aber leider nicht teilnehmen. Sie schreiben an den Praktikumsleiter, Herrn Köllmann.

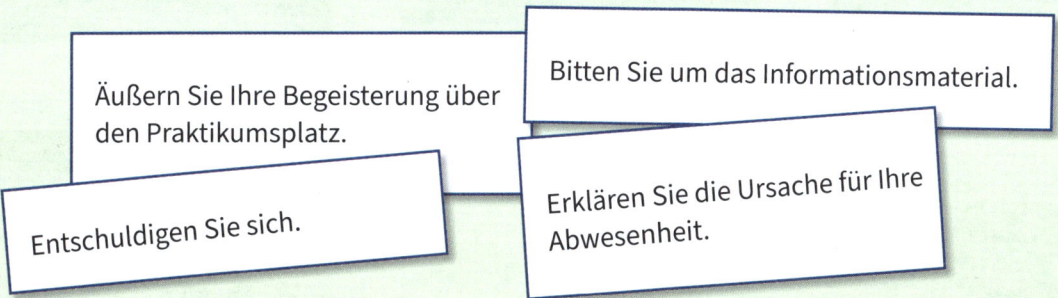

Überlegen Sie sich eine passende Reihenfolge für die Inhaltspunkte.
Bei der Bewertung wird darauf geachtet, wie genau die Inhaltspunkte bearbeitet sind, wie korrekt der Text ist und wie gut die Sätze und Abschnitte sprachlich miteinander verknüpft sind. Vergessen Sie nicht Anrede und Gruß. Schreiben Sie mindestens **100** Wörter.

KAPITEL 9

Schreiben Teil 2
Fahrrad parken

1 a Lesen Sie die Aufgabe 7 auf Seite 52 und wählen Sie Ihr Thema.

b Lesen Sie Ihr Thema. In welcher Situation befinden Sie sich? Notieren Sie.

Meine Situation:

– Was mache ich? _____

– Warum schreibe ich? _____

– An wen schreibe ich? _____

– Was schreibe ich? Eine Nachricht oder eine E-Mail? _____

c Lesen Sie die Inhaltspunkte. Was sollen Sie machen? Kreuzen Sie an.

- ◯ Verständnis zeigen
- ◯ etwas beschreiben
- ◯ mich entschuldigen
- ◯ um Verständnis bitten
- ◯ höflich etwas fordern
- ◯ etwas erklären

2 Lesen Sie die Sätze a–g und ergänzen Sie das passende Nomen in 1–5.

1

eine überdachte _____

2

der _____

3

das _____

4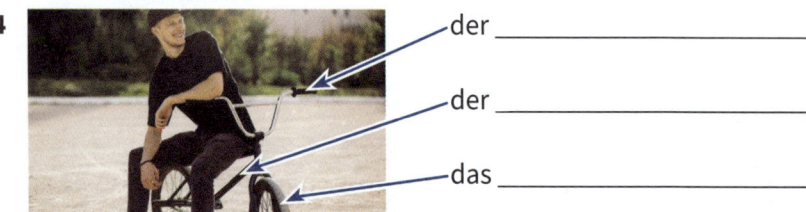

der _____

der _____

das _____

5

der _____

a Das Schulgebäude zusammen mit dem Grundstück nennt man Schulgelände.
b Am Fahrradständer kann man sein Fahrrad abstellen und anschließen.
c Eine Anlage, wo man sein Fahrrad unter einem Dach abstellen kann, ist eine überdachte Fahrradabstellanlage.
d Der Fahrradrahmen ist das größte Teil des Fahrrads, meist aus Metall und oft schön bunt.
e Wenn das Fahrrad lange im Freien steht, rostet es. Es gibt verschiedene Tipps, wie man den Rost am Fahrrad entfernen kann.
f Das vordere Rad eines Fahrrads nennt man Vorderrad.
g Mithilfe des Lenkers kann man geradeaus fahren, nach rechts oder nach links abbiegen.

Schreiben Teil 2
Fahrrad parken

KAPITEL 9

3 a Jugendliche aus Stuttgart äußern sich über die Fahrradabstellmöglichkeiten an ihrer Schule. Welche Probleme nennen sie? Unterstreichen Sie.

JUGENDMAGAZIN STUTTGART SPECIAL

von unserem Jugend-Reporter Mathias Neuberger

Schüler äußern sich zu den Fahrradabstellmöglichkeiten an Stuttgarts Schulen

Wohin mit dem Fahrrad?

Der Mangel an Fahrradabstellanlagen guter Qualität und ausreichender Kapazität ist immer noch ein Problem an vielen Schulen und wir müssen alle darauf drängen, dass so bald wie möglich Lösungen gefunden werden. Hier schreiben Schüler über ihre Erfahrungen:

a Max (15) Humboldt-Gymnasium

Ein paar Fahrradständer am Schuleingang, die natürlich meistens besetzt sind!!! Das ist alles, was unsere Schule an Abstellmöglichkeiten bietet. Wenn ich mit dem Rad zur Schule fahre, muss ich es gewöhnlich außerhalb des Schulgeländes an einem Baum mit einer Kette anschließen. Vor Diebstahl ist es nicht geschützt. Ich bin jedes Mal froh, wenn es mittags noch da steht. Wir brauchen dringend eine richtige Fahrradabstellanlage auf dem Schulhof, damit alle Schüler die Möglichkeit haben, ihr Fahrrad sicher abzustellen. Platz gibt es schließlich genug.

b Tina (16) Friedrich-Schiller-Realschule

Auf dem Schulhof gibt es diese Spiral-Radständer, wo man nur das Vorderrad befestigen und anschließen kann. Total unpraktisch, da nicht jeder Fahrradreifen hineinpasst. Veraltet und verrostet sind sie auch noch. Wir haben schon mehrmals unseren Schuldirektor gebeten, sie durch neue Fahrradständer mit Anlehnbügel zu ersetzen. Da kann man nämlich den Fahrradrahmen und das Vorderrad anschließen. Bis jetzt wurde jedoch leider noch nichts unternommen.

c Nils (14) Albert-Einstein-Gymnasium

Ich würde gern zu jeder Jahreszeit mit dem Rad zur Schule fahren unter der Voraussetzung, dass mein Rad bei schlechtem Wetter geschützt ist, damit es nicht rostet. Wir haben die Schulleitung schon öfters darauf gedrängt, eine überdachte Fahrradabstellanlage einzurichten. Aber dann heißt es immer: „Zurzeit ist die finanzielle Lage der Schule nicht so gut." oder „Wir müssen bei den Ausgaben sparen."

d Nina (14) Hellen-Keller-Hauptschule

Vier freie Autoparkplätze stehen uns als Fahrradparkplatz zur Verfügung. Da es keine Fahrradständer gibt, stellt jeder sein Fahrrad gerade da hin, wo es einen freien Platz gibt. Oft ist auch der Zugang zu den geparkten Fahrrädern von Autos zugestellt, was zusätzlich das Ein- und Ausparken erschwert. Wie rücksichtslos!! Man hat uns versprochen, eine richtige Abstellanlage am Schuleingang einzurichten. Das wäre natürlich ideal. Ich kann dennoch verstehen, dass die Schule dieses Jahr wegen des Baus der neuen Turnhalle bereits große Ausgaben hatte.

KAPITEL 9

Schreiben Teil 2
Fahrrad parken

b Lesen Sie noch einmal die Texte in 3a. Was verlangen die Schüler von der Schuldirektion? Kreuzen Sie an.

1. genügend Abstellmöglichkeiten für Fahrräder innerhalb des Schulgeländes ○
2. eine Ladestation für E-Bikes ○
3. eine überdachte Fahrradabstellanlage ○
4. Schließfächer für Fahrradzubehör (Helme, Fahrradkleidung, Rucksäcke oder Fahrradtaschen) ○
5. Fahrradabstellplätze am Schuleingang, nicht in der Nähe von Pkw-Parkplätzen ○
6. eine Servicestation mit einer kleinen Fahrradwerkstatt ○
7. eine beleuchtete Fahrradabstellanlage ○
8. Fahrradständer, die mehr Schutz vor Diebstahl bieten ○

4 Warum gibt es zurzeit keine finanziellen Mittel für neue Fahrradabstellanlagen? Was passt zu „Schule" und was zu „Firma"?

	Schule	Firma
a Aufgrund der schwierigen Marktsituation muss zurzeit bei den Ausgaben gespart werden.		
b Die Anschaffung von neuen PCs für die Computerräume war mit hohen Kosten verbunden.		
c Das neue Produkt ist bislang auf dem Markt noch nicht so erfolgreich.		
d Für die neue Werbekampagne wurde dieses Jahr viel Geld ausgegeben.		
e Die Renovierung der Schulmensa hat eine Menge Geld gekostet.		
f Wegen der neuen Investitionen im Ausland müssen die Betriebskosten im Inland reduziert werden.		
g Es war ein kostspieliges Projekt, alle Klassenzimmer mit Whiteboards auszustatten.		

Verständnis zeigen

Natürlich kann ich verstehen, dass … ◆ … Das kann ich natürlich verstehen.
Ich habe (natürlich) Verständnis für … / dafür, dass … ◆ … Dafür habe ich (natürlich) Verständnis.
Es ist mir (selbstverständlich) klar/bewusst, dass … ◆ … Das ist mir (selbstverständlich) klar/bewusst.

Schreiben Teil 2
Fahrrad parken

KAPITEL 9

---

auf eine Lösung drängen

Es ist erforderlich, dass das Problem sofort/unmittelbar gelöst/behoben wird.
Für dieses Problem muss sofort eine Lösung / Es muss eine sofortige Lösung gefunden werden.
Die Situation muss sich (dennoch/jedoch/trotzdem) so schnell wie möglich ändern.
Es muss sofort etwas getan/unternommen werden.
Ich möchte Sie dringend um die unmittelbare Behebung des Problems / der Probleme bitten.

---

5 Ihrer Meinung nach muss für ein Problem in Ihrer Firma/Schule sofort eine Lösung gefunden werden. Lesen Sie die Situationen und schreiben Sie: Zeigen Sie Verständnis für die finanzielle Situation, drängen Sie aber gleichzeitig auf eine sofortige Lösung. Das Beispiel, die gelben Kästen und die Übung 4 können Ihnen dabei helfen.

Beispiel
Situation A: Der Fußboden in der Schwimmhalle der Max-Planck-Realschule ist alt.

Natürlich kann ich verstehen, dass die Renovierung der Schulmensa letztes Jahr eine Menge Geld gekostet hat. Es muss aber mit dem Fußboden in der Schwimmhalle sofort etwas unternommen werden.

Situation B: In der Firma Braun haben die Angestellten Probleme mit ihrer Arbeit, weil der Techniker, der sich um ihre Computer kümmert, nur einmal in der Woche kommt.

_____
_____
_____

Situation C: Der Schulbus, mit dem die Schüler des Lessing-Gymnasiums regelmäßig zum Schwimmunterricht im städtischen Schwimmbad gefahren werden, ist seit Wochen kaputt und deshalb fällt der Schwimmunterricht aus.

_____
_____
_____

6 a Lesen Sie noch einmal die Aufgabe 7. Überlegen Sie sich eine passende Reihenfolge für die Inhaltspunkte und nummerieren Sie diese von 1 bis 4.

b Sammeln Sie dann aus den Aufgaben 3–5 die Ideen und Ausdrücke, die Sie benutzen möchten, und machen Sie einen Schreibplan. Ergänzen Sie ihn mit weiteren Ausdrücken und eigenen Ideen.

KAPITEL 9

Schreiben Teil 2
Fahrrad parken

7 Wählen Sie Ihr Thema: a oder b?

a für Jugendliche

An deiner Schule gibt es Probleme mit den Fahrradabstellmöglichkeiten.

Schreibe eine Nachricht an die Direktorin deiner Schule, Frau Arlberg.

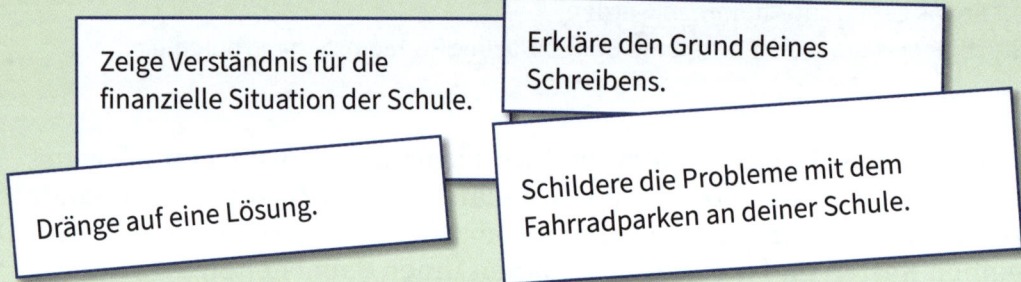

- Zeige Verständnis für die finanzielle Situation der Schule.
- Erkläre den Grund deines Schreibens.
- Dränge auf eine Lösung.
- Schildere die Probleme mit dem Fahrradparken an deiner Schule.

Überleg dir eine passende Reihenfolge für die Inhaltspunkte.
Bei der Bewertung wird darauf geachtet, wie genau die Inhaltspunkte bearbeitet sind, wie korrekt der Text ist und wie gut die Sätze und Abschnitte sprachlich miteinander verknüpft sind. Vergiss nicht Anrede und Gruß. Schreibe mindestens **100** Wörter.

b für Erwachsene

Sie arbeiten in einer deutschen Firma und es gibt Probleme mit den Fahrradabstellplätzen für die Mitarbeiter. Schreiben Sie eine Nachricht an die Betriebsleiterin Ihrer Firma, Frau Arlberg.

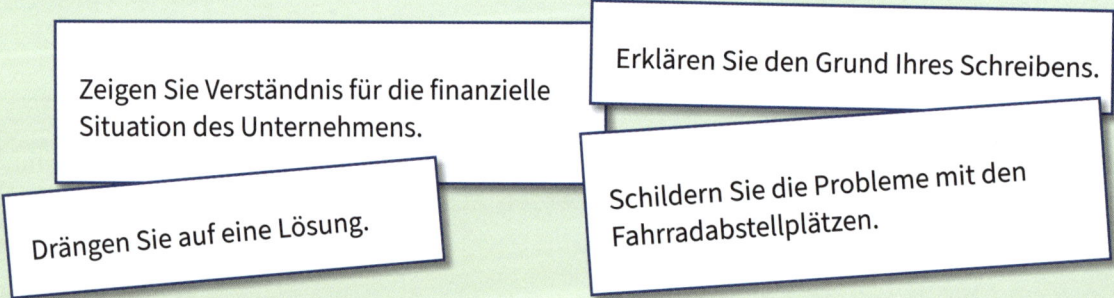

- Zeigen Sie Verständnis für die finanzielle Situation des Unternehmens.
- Erklären Sie den Grund Ihres Schreibens.
- Drängen Sie auf eine Lösung.
- Schildern Sie die Probleme mit den Fahrradabstellplätzen.

Überlegen Sie sich eine passende Reihenfolge für die Inhaltspunkte.
Bei der Bewertung wird darauf geachtet, wie genau die Inhaltspunkte bearbeitet sind, wie korrekt der Text ist und wie gut die Sätze und Abschnitte sprachlich miteinander verknüpft sind. Vergessen Sie nicht Anrede und Gruß. Schreiben Sie mindestens **100** Wörter.

Schreiben Teil 2
Konferenzraum vorbereiten

KAPITEL 10

1 a Lesen Sie die Aufgabe 5 auf Seite 57 und wählen Sie Ihr Thema.

b Lesen Sie Ihr Thema. In welcher Situation befinden Sie sich? Notieren Sie.

Meine Situation:

– Was mache ich? _____

– Warum schreibe ich? _____

– An wen schreibe ich? _____

– Was schreibe ich? Eine Nachricht oder eine E-Mail? _____

c Lesen Sie die Inhaltspunkte. Was sollen Sie machen? Kreuzen Sie an.

○ um Rat bitten
○ etwas vorschlagen
○ etwas erklären
○ einen Rat geben
○ über etwas berichten
○ etwas beschreiben

2 Diese jungen Leute machen gerade ein Praktikum. Jeder hat einen Auftrag. Was meinen Sie, was für Probleme könnten dabei auftauchen? Finden Sie auf Seite 54–55 für jeden drei Probleme und mögliche Lösungen.

Jasmin soll etwas kopieren.

David soll per Mail Einladungen an alle Kunden verschicken.

Sonja soll einen Raum für ein Fortbildungsseminar mit Kaffeebüfett vorbereiten.

Problem	versuchte Lösung(en)
1	E, …

Problem	versuchte Lösung(en)

Problem	versuchte Lösung(en)

KAPITEL 10

Schreiben Teil 2
Konferenzraum vorbereiten

Annemarie soll eine PowerPoint-Präsentation erstellen.

Torsten soll Fotomaterial für eine Werbebroschüre zusammenstellen.

Markus soll die Kontaktdaten der Kunden in der Datenbank aktualisieren.

Problem	versuchte Lösung(en)

Problem	versuchte Lösung(en)

Problem	versuchte Lösung(en)

1 Sie/Er kennt sich mit dem neuen Kopierer nicht aus.

2 Auf ihrem/seinem Computer ist jetzt eine neue Version des Programms, mit der sie/er sich noch nicht auskennt.

3 Das Whiteboard funktioniert nicht.

4 Sie/Er hat auf ihrem/seinem Computer nicht genug Speicherplatz für so viele Fotos.

5 Das Kopierpapier ist ausgegangen.

6 Die Fotos, die man ihr/ihm geschickt hat, sind von schlechter Qualität.

7 Der Catering-Service hat zu wenig Gebäck und Sandwiches geliefert.

8 Es sind nicht genug Stühle vorhanden.

9 Ihr/Sein Computer hat sich aufgehängt und reagiert nicht mehr.

10 Das Mail-Programm funktioniert nicht.

11 Die Tintenpatrone ist leer.

A Sie/Er hat beim Catering-Service angerufen, hat aber den Verantwortlichen dort nicht erreichen können.

B Sie/Er hat in der Abteilung für Kundenservice nachgefragt, aber dort hatten die Kollegen dieselben E-Mail-Adressen.

C Sie/Er hat ihre/seine Kollegin, Frau Meier, gefragt, aber sie hatte dasselbe Problem.

D Sie/Er hat versucht, die Qualität mit einem Bildbearbeitungsprogramm zu verbessern, aber ohne wirklichen Erfolg.

E Sie/Er ist ins Hauptgebäude gegangen, wo sie/er mit dem Kopierer umgehen kann, aber der Kopierer dort war kaputt.

F Sie/Er hat ihren/seinen Kollegen, Herrn Berger, gebeten, ihr/ihm den neuen Kopierer zu erklären, aber der Kollege musste zu einem wichtigen Termin.

G Sie/Er hat in der Firmenkantine gefragt, aber die Kollegen dort konnten ihr/ihm nicht weiterhelfen.

H Sie/Er hat mit der Technikerin, Frau Kaule, telefoniert, aber sie konnte ihr/ihm keine externe Festplatte geben.

I Der Keller, in dem es noch mehr Stühle gibt, ist verschlossen.

J Sie/Er hat einen anderen Techniker gerufen, dessen Telefonnummer ihr/ihm die Kollegin, Frau Ahrendt, gegeben hat; er konnte aber auch nichts ausrichten.

K Sie/Er hat versucht, die Daten auf dem WLAN-Server zu finden, hat dort aber nur ältere Daten gefunden.

Schreiben Teil 2
Konferenzraum vorbereiten

KAPITEL 10

12 Sie/Er kann einige Adressen auf den Zetteln, die die Kunden ausgefüllt haben, nicht lesen.

13 Der Kollege, Herr Müller, sollte ihr/ihm noch aktuelle Daten schicken, aber Herr Müller ist auf einem Fortbildungsseminar.

14 Ziemlich viele E-Mails wurden nicht verschickt und es kam eine Fehlermeldung.

15 Die Klimaanlage im Raum ist kaputt.

L Sie/Er hat den Kollegen, Herrn Lembke, angerufen, der Bürobedarf bestellt, hat ihn aber nicht erreicht, da er bereits Feierabend hatte.

M Sie/Er hat bei der Lieferfirma angerufen, aber erst übermorgen kann jemand vorbeikommen.

N Sie/Er hat versucht, diese Kunden telefonisch zu erreichen, war aber nur bei sehr wenigen erfolgreich.

O Sie/Er hat verschiedene andere Kollegen in der Abteilung gefragt, aber niemand hatte die aktuellen Daten.

P Sie/Er hat den Computer neu gestartet, aber das Programm, das sie/er braucht, öffnet sich immer noch nicht.

um Rat bitten

Könnten Sie mir bitte sagen, was ich nun machen soll?
Ich benötige Ihren Rat/Ratschlag, da ich nicht weiß, wie ich das Problem lösen kann.
Ich möchte Sie um Ihren Rat/Ratschlag bitten, denn ich weiß nicht, was ich noch machen könnte.

3 a Kostas hat zum Prüfungsthema unten eine Nachricht an Herrn Gehring geschrieben und dafür auch Redemittel aus dem gelben Kasten verwendet. Lesen Sie das Thema und markieren Sie in Kostas' Nachricht, wo er welchen Inhaltspunkt bearbeitet hat.

Prüfungsthema:
Sie machen gerade ein Praktikum bei einer deutschen Firma und sollen Fotomaterial für eine Info-Broschüre auswählen. Aber es gibt ein Problem mit den Fotos. Sie haben bereits versucht, das Problem zu lösen, jedoch ohne Erfolg. Schreiben Sie eine Nachricht an Ihren Praktikumsleiter, Herrn Gehring.

1. Beschreiben Sie Ihren Auftrag.
2. Informieren Sie Ihren Praktikumsleiter darüber, was Sie schon unternommen haben, um das Problem zu lösen.
3. Bitten Sie um Rat.
4. Erklären Sie, welches Problem aufgetaucht ist.

Lieber Herr Gehring,
ich soll Fotomaterial für die Info-Broschüre auswählen. Doch die Fotos, die ich bekommen habe, sind von schlechter Qualität. Ich habe bereits Frau Schmidt gefragt und sie findet ebenfalls, dass wir diese Fotos nicht verwenden können. Sie konnte mir aber auch keine anderen Fotos zur Verfügung stellen.
Könnten Sie mir bitte sagen, was ich nun machen soll?
Viele Grüße
Kostas Gerakopoulos

13:29

Schreiben Teil 2
Konferenzraum vorbereiten

b Kostas hat alle Inhaltspunkte bearbeitet, aber seine Nachricht ist zu kurz. Er hat nur 64 Wörter geschrieben. Wo könnte Kostas noch etwas ergänzen und was? Machen Sie Notizen. Die folgenden Fragen können Ihnen dabei helfen.

– Warum schreibt er an Herrn Gehring?
Weil er einen Tag Urlaub braucht? / Weil er ein Problem hat? / Weil er nicht verstanden hat, was er machen soll?

– Für welche Broschüre soll er Fotomaterial auswählen?
Über welche Produkte soll die Broschüre informieren? Wann soll die Broschüre fertig sein? Wo soll sie verteilt werden?

> Ein Praktikumsleiter betreut viele Praktikanten. Da ist es logisch, dass er nicht immer weiß, welche Aufgabe jeder Praktikant hat. Außerdem: Die Firma erstellt vielleicht nicht nur eine Info-Broschüre.

– Soll die Broschüre viele/wenige Fotos zeigen? Was soll gezeigt werden?
Nur Produkte? Personen und Produkte? Was für Personen? Kinder, Jugendliche, Familien, alte Menschen?

– Warum ist die Qualität der Fotos ein Problem?
Sind die Fotos unscharf oder zu dunkel/hell? Sollen die Fotos vielleicht sehr groß werden? Würde man dann die schlechte Qualität besonders deutlich sehen? Sollen vielleicht sehr viele Fotos in die Broschüre? Müssen dann die Fotos besonders perfekt sein?

– Hat er vielleicht noch einen anderen Versuch unternommen, um das Problem zu lösen?

– Könnte er Herrn Gehring vielleicht im Voraus danken?

c Schreiben Sie nun eine eigene Nachricht an Herrn Gehring. Schreiben Sie mindestens 100 Wörter.

4 a Lesen Sie noch einmal die Aufgabe 5. Überlegen Sie sich eine passende Reihenfolge für die Inhaltspunkte und nummerieren Sie diese von 1 bis 4.

b Sammeln Sie dann aus den Aufgaben 2–3 die Ideen und Ausdrücke, die Sie benutzen möchten, und machen Sie einen Schreibplan. Ergänzen Sie ihn mit weiteren Ausdrücken und eigenen Ideen.

Schreiben Teil 2
Konferenzraum vorbereiten

KAPITEL 10

5 Wählen Sie Ihr Thema: a oder b?

a für Jugendliche

Du machst gerade ein Praktikum bei einer deutschen Firma und sollst den Konferenzraum für eine wichtige Sitzung vorbereiten. Es gibt jedoch ein Problem mit dem Raum. Du hast versucht, eine Lösung zu finden, aber bislang ohne Erfolg. Schreibe eine Nachricht an deine Praktikumsleiterin, Frau Lindner.

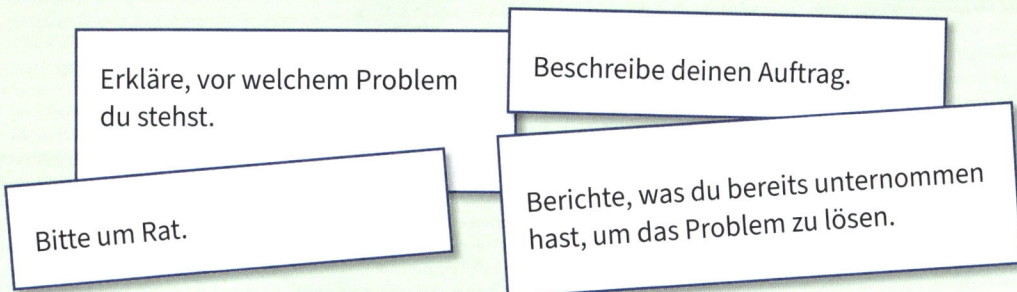

- Erkläre, vor welchem Problem du stehst.
- Beschreibe deinen Auftrag.
- Bitte um Rat.
- Berichte, was du bereits unternommen hast, um das Problem zu lösen.

Überleg dir eine passende Reihenfolge für die Inhaltspunkte.
Bei der Bewertung wird darauf geachtet, wie genau die Inhaltspunkte bearbeitet sind, wie korrekt der Text ist und wie gut die Sätze und Abschnitte sprachlich miteinander verknüpft sind. Vergiss nicht Anrede und Gruß. Schreibe mindestens **100** Wörter.

b für Erwachsene

Sie machen gerade ein Praktikum bei einer deutschen Firma und sollen den Konferenzraum für eine wichtige Sitzung vorbereiten. Es gibt jedoch ein Problem mit dem Raum. Sie haben versucht, eine Lösung zu finden, aber bislang ohne Erfolg.
Schreiben Sie eine Nachricht an Ihre Vorgesetzte, Frau Lindner.

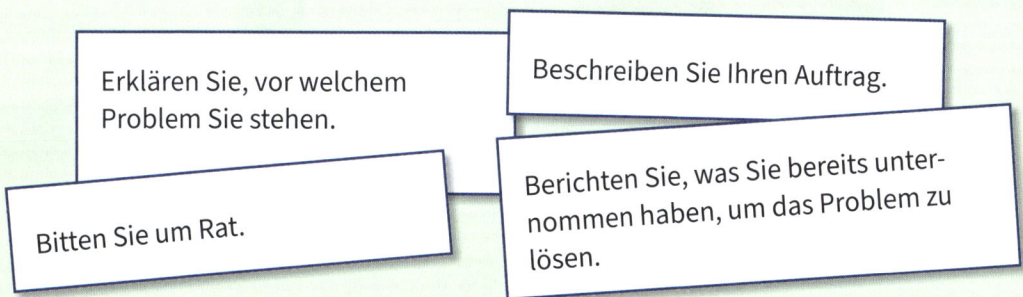

- Erklären Sie, vor welchem Problem Sie stehen.
- Beschreiben Sie Ihren Auftrag.
- Bitten Sie um Rat.
- Berichten Sie, was Sie bereits unternommen haben, um das Problem zu lösen.

Überlegen Sie sich eine passende Reihenfolge für die Inhaltspunkte.
Bei der Bewertung wird darauf geachtet, wie genau die Inhaltspunkte bearbeitet sind, wie korrekt der Text ist und wie gut die Sätze und Abschnitte sprachlich miteinander verknüpft sind. Vergessen Sie nicht Anrede und Gruß. Schreiben Sie mindestens **100** Wörter.

KAPITEL 11

Schreiben Teil 1
Massenevents

1 Lesen Sie die Aufgabe 5 auf Seite 62 und notieren Sie Ideen zu den vier Inhaltspunkten ins Heft.

2 a Für oder gegen Großkonzerte? Lesen Sie die Meinungen und markieren Sie mit (+) oder (−).

1 Eine gute Gelegenheit, große Stars und berühmte Bands live zu sehen. ◯

2 Selbst Stehplätze sind sehr teuer; hinzu kommen die Fahrkosten. ◯

3 Alle filmen und fotografieren die ganze Zeit, das verdirbt mir den Genuss. ◯

4 Meist bieten die Bands eine großartige Bühnenshow. ◯

5 Man sieht seinen Lieblingsstar als Live-Performer und wie er mit Publikum interagiert. ◯

6 Ein unvergessliches Erlebnis. ◯

7 Mal ist die Akustik schlecht, mal die Lautstärke zu hoch eingestellt. ◯

8 Die An- und Abreise ist wegen überfüllter Verkehrsmittel oder Staus auf den Straßen oft sehr anstrengend. ◯

9 Die Stimmung ist echt mitreißend. ◯

10 Musiker und Sänger sind nicht immer in Bestform, dann ist das Konzert eine Enttäuschung. ◯

11 Oft hat man eine mäßige Sicht auf die Bühne und sieht die ganze Show nur über die Großleinwand. ◯

b Welche Erklärung passt? Ergänzen Sie.

> alle klatschen, tanzen und singen mit ◆ die Hin- und Rückfahrt ◆ ~~so macht das keinen Spaß~~ ◆
> die Musik ist zu laut ◆ nicht so gut wie erwartet ◆ Kontakt zu jemandem haben ◆
> die Künstler nicht gut sehen können ◆ ganz toll

1 das verdirbt den Genuss: _so macht das keinen Spaß_

2 großartig: _____

3 mit jemandem interagieren: _____

4 die Lautstärke ist zu hoch eingestellt: _____

Schreiben Teil 1
Massenevents

KAPITEL 11

5 die An- und Abreise: _____

6 die Stimmung ist mitreißend: _____

7 eine Enttäuschung: _____

8 mäßige Sicht auf die Bühne haben: _____

c Sind Sie für oder gegen Großkonzerte? Schreiben Sie drei Argumente, die Ihre Meinung begründen. Die Meinungen in 2a können Ihnen dabei helfen.

1 _____

2 _____

3 _____

3 a Es gibt auch andere Möglichkeiten, Musik zu genießen. Ergänzen Sie.

Live-Musik in einem Club hören ◆ auf Vinyl-Platten umsteigen ◆
über einen Streaming-Dienst auf dem Handy Musik hören ◆
sich Musikvideos oder Konzertabschnitte ansehen ◆ mit Freunden zusammen Musik machen

A

B

C

D

E

Schreiben Teil 1
Massenevents

b Diese anderen Möglichkeiten haben Vor- oder Nachteile. Lesen Sie die Sätze 1–12. Ist das ein Vorteil 🙂 oder ein Nachteil 😕? Kreuzen Sie an.

	🙂	😕	andere Möglichkeiten
1 Da findet jeder etwas Passendes für seinen Geschmack.			A, E,
2 Die Musik klingt wärmer und lebendiger als über Internet.			
3 Nicht jeder spielt ein Instrument oder hat eine gute Stimme.			
4 Man kann seine Playliste zusammenstellen und überall Musik hören.			
5 Das ist eine kostspielige Angelegenheit, man braucht einen Plattenspieler und die Platten sind auch teuer.			
6 Die Atmosphäre ist gemütlicher als in einer Konzerthalle.			
7 Das ist eine tolle Freizeitbeschäftigung, bei der man Musik aktiver und bewusster erlebt als ein einfacher Zuhörer.			
8 Man kann Musiker hautnah erleben und vielleicht auch mit ihnen ins Gespräch kommen.			
9 Man muss das abonnieren und eine monatliche Gebühr zahlen.			
10 Im Prinzip sind sie nur Werbung für den Sänger oder die Band und können das Live-Feeling eines Konzerts nicht ersetzen.			
11 Die Musik ist oft zu laut und der Raum voll von Menschen, die ständig sprechen.			
12 Man sieht die Bühnenshow, aber auch die Stars viel besser als auf einem Großkonzert.			

c Was glauben Sie? Zu welchen Möglichkeiten von 3a passen diese Vor- oder Nachteile? Ergänzen Sie.

d Wählen Sie aus 3a zwei Möglichkeiten aus und zählen Sie ihre Vorteile auf.

Die Redemittelliste im Anhang, Seite 132–139, kann Ihnen helfen.

_____
_____
_____
_____

Schreiben Teil 1
Massenevents

KAPITEL 11

e Wählen Sie aus 3a zwei Möglichkeiten aus und zählen Sie ihre Nachteile auf. Verwenden Sie dabei Ausdrücke aus dem gelben Kasten.

Nachteile aufzählen

Der wichtigste Nachteil / Ein sehr wichtiger Nachteil ist, dass …

Ein weiterer/anderer bedeutender/großer Nachteil ist, dass …
Als nachteilig/negativ empfinde ich auch, dass …
Dass …, ist ebenfalls nachteilig/negativ.

Von Nachteil ist schließlich auch, dass …

_____
_____
_____
_____
_____
_____

4 Lesen Sie noch einmal die Aufgabe 5. Sammeln Sie dann aus den Aufgaben 1–3 die Ausdrücke und Ideen, die Sie für Ihren Forumsbeitrag benutzen möchten, und machen Sie einen Schreibplan.

KAPITEL 11

Schreiben Teil 1
Massenevents

5 Sie schreiben in einem Forum zu Massenevents wie Großkonzerte oder Fußball-Weltmeisterschaften einen Beitrag.

- Äußern Sie Ihre Meinung zu Großkonzerten.
- Begründen Sie, warum Sie für oder gegen Großkonzerte sind.
- Nennen Sie andere Möglichkeiten, Musik zu genießen.
- Nennen Sie Vor- oder Nachteile der anderen Möglichkeiten.

Denken Sie an eine Einleitung und einen Schluss. Bei der Bewertung wird darauf geachtet, wie genau die Inhaltspunkte bearbeitet sind, wie korrekt der Text ist und wie gut die Sätze und Abschnitte sprachlich miteinander verknüpft sind. Schreiben Sie mindestens **150** Wörter.

Schreiben Teil 2
Klassenreise/Betriebsausflug mitorganisieren

KAPITEL 12

1
a Lesen Sie die Aufgabe 5 auf Seite 67 und wählen Sie Ihr Thema.

b Lesen Sie Ihr Thema. In welcher Situation befinden Sie sich? Notieren Sie.

Meine Situation:

– Was mache ich? _____

– Warum schreibe ich? _____

– An wen schreibe ich? _____

– Was schreibe ich? Eine Nachricht oder eine E-Mail? _____

c Ergänzen Sie den gelben Kasten.

> **Formalien bei einer formellen E-Mail oder Nachricht III**
>
> **an zwei Personen schreiben**
>
> Ich schreibe an …
>
> **eine Frau und einen Mann:**
> Sehr geehrte Frau …, sehr geehrter Herr …,
> Liebe Frau …, lieber _____ …,
>
> **zwei Frauen:**
> _____ _____ Frau …, _____ _____ Frau …,
> Liebe _____ …, _____ _____ …,
>
> **zwei Männer:**
> Sehr _____ _____ …, _____ _____ _____ …,
> _____ _____ …, lieber _____ …,

Achtung!
Die Sie-Form ist immer gleich, egal, ob Sie an eine oder mehrere Personen schreiben.

d Lesen Sie die Inhaltspunkte. Was sollen Sie machen? Kreuzen Sie an.

- ○ Verständnis zeigen
- ○ Unzufriedenheit ausdrücken
- ○ mich entschuldigen
- ○ etwas erklären
- ○ um Verständnis bitten
- ○ etwas vorschlagen

KAPITEL 12

Schreiben Teil 2
Klassenreise/Betriebsausflug mitorganisieren

2 a Jan (16) hat für das Nachmittagsprogramm seiner Klassenfahrt im April im Internet recherchiert und sich einige Aktivitäten herausgesucht, die er in der Klasse präsentieren will. Lesen Sie seine Notizen. Welche Überschrift passt? Ergänzen Sie. Nicht alle Überschriften passen.

1. Besuch im Allwetterzoo
2. Escape-Room
3. Stadtrallye
4. Radtour in die nähere Umgebung
5. Air-Fun-Trampolinhalle
6. Weinprobe im Bio-Weingut Schulte
7. Abenteuer-Kletterpark
8. Kochen im Kochstudio „Kulinarik"

A _____
- 50 km außerhalb der Stadt mitten im Wald
- abwechslungsreiche Übungen mit steigendem Schwierigkeitsgrad unter Betreuung von qualifizierten Trainern
- Kletterzeit: ca. 3 Stunden
- Eintritt für Schülergruppen: 13 € pro Person (für Schüler, die nicht mitklettern, Eintritt frei)
- Öffnungszeiten: Montag – Freitag: 9.00–18.00 Uhr
- Anfahrt: Buslinie 7, es muss mit ca. einer Stunde Fahrt gerechnet werden

B _____
- in der Nähe unserer Jugendherberge
- vormittags extra Jump-Programm für Schulklassen mit Aufsicht: 90 Minuten Springzeit und ermäßigter Eintritt: 13 € pro Schüler
- nachmittags Montag – Freitag von 15.00 bis 19.00 geöffnet. Eintritt für Schüler: ab 9 € für 60 Minuten Springen, allerdings finden zu dieser Zeit auch Jumpkurse für Kinder oder Jump-Geburtstagspartys statt

C _____
- zur Auswahl: drei spannende live Escape-Spiele (eine Zeitreise, ein Kriminalfall, Rettung einer Stadt) in drei Hightech-Exit-Räumen im Stadtzentrum
- Spieldauer: maximal 1 Stunde
- Teilnehmerzahl: 2–6 Spieler
- geeignet für Anfänger
- Preis: ab 20 € pro Person
- Online-Buchung erforderlich

D _____
- große Auswahl an leichten Runden bis zu 30 km durch Wälder, Täler und Wiesen
- Dauer: 2–3 Stunden
- gut ausgebautes und beschildertes Radwegnetz
- ausführliche Wegbeschreibung im Internet erhältlich
- Fahrradverleih am Hauptbahnhof: 8 € pro Rad

E _____
- ein Besuch bei Regenwetter durchaus möglich, da man fast ein Viertel der Anlage auf überdachten Wegen durchqueren kann
- über 350 Tierarten aus verschiedenen Kontinenten
- Öffnungszeiten: 9.00–19.00 Uhr
- Eintrittspreis für Schulklassen: 4 € pro Schüler
- Anfahrt: Buslinie 3

Schreiben Teil 2
Klassenreise/Betriebsausflug mitorganisieren

KAPITEL 12

b Jan schickt seine Notizen an seine Mitschülerin, Alina, die bei der Organisation der Klassenfahrt mithilft. Alina ist von Jans Vorschlägen nicht besonders begeistert. Warum? Was meinen Sie? Schreiben Sie zu Jans Vorschlägen Sätze wie im Beispiel.

Vor- und Nachteile abwägen I	
🙂	🙁
einerseits ...,	andererseits ...
zwar ...,	aber ...
sicherlich ...,	aber ...

Beispiel

Ein Spaziergang im Allwetterzoo wäre **einerseits** schön, **andererseits** nichts Außergewöhnliches.

Ein Spaziergang im Allwetterzoo wäre **zwar** schön, **aber** so etwas ist nichts Außergewöhnliches.

Ein Spaziergang im Allwetterzoo wäre **sicherlich** schön, **aber** das ist nichts Außergewöhnliches.

🙂
- wäre amüsant
- wäre ein unvergessliches/einmaliges Erlebnis
- würde riesigen Spaß machen
- könnte man sich mal so richtig austoben
- wäre keine schlechte Idee
- wäre ein spannendes Teamspiel
- wäre eine besondere Herausforderung für abenteuerlustige Schüler
- wäre schön

🙁
- ein Programm für Schulklassen wird leider nur vormittags angeboten
- füllt nicht einen ganzen Nachmittag aus
- der Eintritt ist zu teuer / den Eintritt können sich vielleicht nicht alle Schüler leisten
- gibt kein Alternativprogramm für Schüler, die nicht mitmachen wollen
- wird alles zeitlich etwas zu knapp
- ist nichts Außergewöhnliches

KAPITEL 12

Schreiben Teil 2
Klassenreise/Betriebsausflug mitorganisieren

3 Morgen sollen Sie Ihrer Arbeitsgruppe Ihre Werbeideen für Ihren Sportverein präsentieren, schaffen es aber nicht, fertig zu werden. Schreiben Sie, warum, und machen Sie auch einen Vorschlag hinsichtlich Ihres Treffens. Die Ideen in den Kästen können Ihnen helfen.

Gründe
- wegen plötzlicher Zahnschmerzen dringend zum Zahnarzt gehen müssen
- nachmittags an einem Tanzwettbewerb teilnehmen, jetzt sich total erschöpft fühlen
- jemand in unsere Wohnung einbrechen, bis spät abends aufräumen müssen
- wegen des Unwetters Probleme mit dem Internetanschluss haben
- Busse streiken, erst sehr spät nach Hause kommen
- Laptop sich plötzlich aufhängen, nicht weiterarbeiten können, zur Reparatur bringen

Vorschläge
- unser Treffen auf die nächste Woche verschieben
- uns trotzdem treffen und besprechen, ob die bisherigen Vorschläge in die richtige Richtung gehen
- bis Ende der Woche weitere Ideen schicken und am Wochenende per Skype sprechen

Liebe Lydia, lieber Paul,

ihr seid sicher für das Treffen morgen gut vorbereitet. Ich aber nicht.

4 a Lesen Sie noch einmal die Aufgabe 5. Überlegen Sie sich eine passende Reihenfolge für die Inhaltspunkte und nummerieren Sie diese von 1 bis 4.

b Sammeln Sie dann aus den Aufgaben 1–3 die Ideen und Ausdrücke, die Sie benutzen möchten, und machen Sie einen Schreibplan. Ergänzen Sie ihn mit weiteren Ausdrücken und eigenen Ideen.

Schreiben Teil 2
Klassenreise/Betriebsausflug mitorganisieren

KAPITEL 12

5 Wählen Sie Ihr Thema: a oder b?

a für Jugendliche

Du hilfst den beiden Lehrern, die für die Organisation eurer Klassenfahrt zuständig sind. Dein Auftrag ist, für zwei Nachmittage verschiedene Aktivitäten zur Auswahl zusammenzustellen. Für euer morgiges Treffen schaffst du das aber nicht. Schreibe eine Nachricht an deine Lehrer, Frau Zimmer und Herrn Braschek.

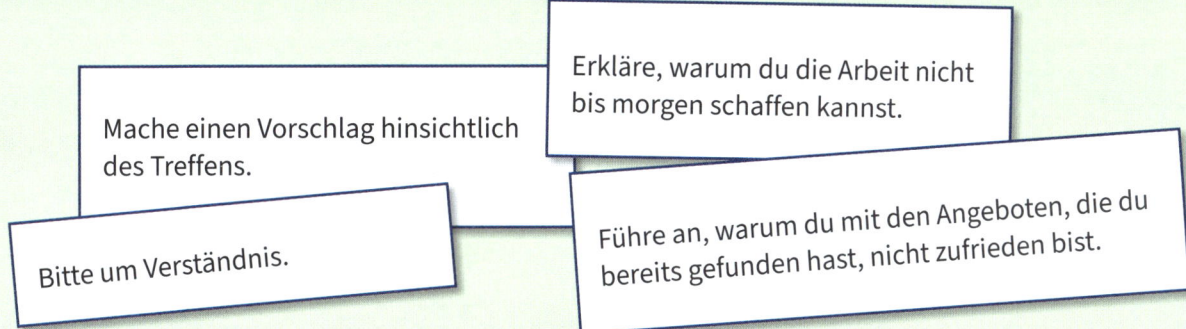

Überleg dir eine passende Reihenfolge für die Inhaltspunkte.
Bei der Bewertung wird darauf geachtet, wie genau die Inhaltspunkte bearbeitet sind, wie korrekt der Text ist und wie gut die Sätze und Abschnitte sprachlich miteinander verknüpft sind. Vergiss nicht Anrede und Gruß. Schreibe mindestens **100** Wörter.

b für Erwachsene

Zusammen mit zwei Kollegen sollen Sie den diesjährigen Betriebsausflug Ihrer Firma organisieren. Für zwei Nachmittage gibt es noch kein Programm und Sie sollen verschiedene Aktivitäten zur Auswahl zusammenstellen. Für das morgige Treffen mit den beiden Kollegen schaffen Sie das aber nicht. Schreiben Sie eine Nachricht an Ihre Kollegen, Frau Zimmer und Herrn Braschek.

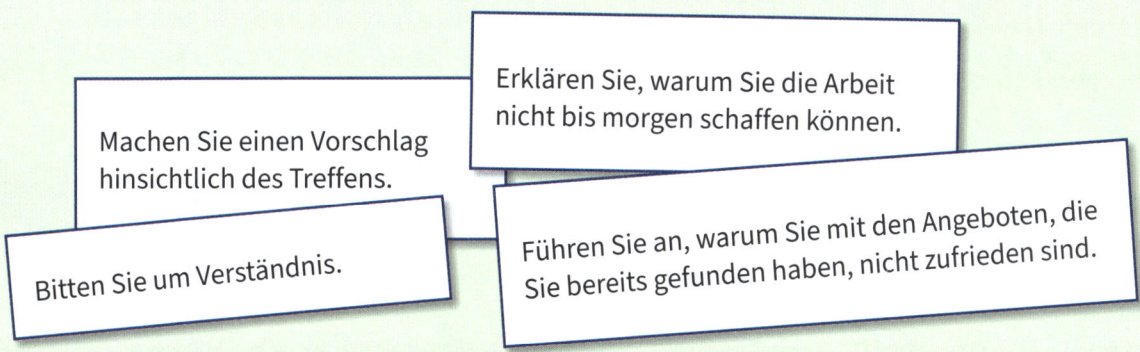

Überlegen Sie sich eine passende Reihenfolge für die Inhaltspunkte.
Bei der Bewertung wird darauf geachtet, wie genau die Inhaltspunkte bearbeitet sind, wie korrekt der Text ist und wie gut die Sätze und Abschnitte sprachlich miteinander verknüpft sind. Vergessen Sie nicht Anrede und Gruß. Schreiben Sie mindestens **100** Wörter.

KAPITEL 13

Schreiben Teil 1
Fleischkonsum

1 Lesen Sie die Aufgabe 7 auf Seite 71 und notieren Sie Ideen zu den vier Inhaltspunkten ins Heft.

2 Wie heißen diese Lebensmittel? Ergänzen Sie.

> Nüsse ◆ Hülsenfrüchte ◆ Milchprodukte ◆ Wurst ◆ Sojaprodukte ◆ Schinken ◆ Pilze

1 __ i __ __ __ __ __ __ __ __ __ __ __ __ __ __ __

2 __ i __ __ __ __

3 __ ü __ __ __ __ __ __ __ __ __ __ __

4 __ ü __ __ __

5 __ u __ __ __ und __ __ __ i __ __ __ __

6 __ o __ __ __ __ __ __ __ __ __ __ __

3 Ergänzen Sie das Gegenteil.

> energiegeladen ◆ übermäßig ◆ sättigend ◆ schmackhaft ◆ gesundheitsfördernd ◆
> klimafreundlich ◆ zeitaufwendig

a gesundheitsschädlich ↔ _____

b energielos ↔ _____

c nicht lecker ↔ _____

d zeitsparend ↔ _____

e zu wenig ↔ _____

f klimaschädlich ↔ _____

g macht nicht satt ↔ _____

Schreiben Teil 1
Fleischkonsum

KAPITEL 13

4 a Ordnen Sie die unterstrichenen Ausdrücke in 4b den Definitionen zu.

1 leicht dick werden: _____
2 dazu gehören zum Beispiel Kalium und Magnesium: _____
3 Methode, Tiere so zu behandeln, wie es für sie gut ist: _____
4 Situation, in der man zu wenig von etwas hat, was man braucht: _____
5 dafür sorgen, dass das Risiko kleiner wird: _____
6 wenn man von allem die richtige Menge isst: _____

b Welcher Ernährungstyp sind Sie? Lesen Sie die Meinungen. Stimmen Sie zu (😊/😐/☹)? Kreuzen Sie an. Lesen Sie dann die Auswertung auf Seite 70.

Meinungen	😊	😐	☹
„Nur Fleisch enthält das Protein, die Vitamine und <u>Mineralstoffe</u>, die der menschliche Körper braucht."			
„Massentierhaltung oder <u>artgerechte Tierhaltung</u>, die die Bedürfnisse der Tiere respektiert? Ich kaufe weiterhin Billigfleisch; Biofleisch kann ich mir nicht leisten."			
„Sojaprodukte, Hülsenfrüchte und Nüsse schmecken zwar nicht schlecht, aber wirklich sättigend sind nur Fleisch, Wurst und Schinken."			
„Vegetarische oder vegane Ernährung soll ja gesundheitsfördernd sein. Sie soll <u>das Risiko mindern</u>, Krebs oder Herzkrankheiten zu bekommen. Aber nur Fleisch lässt sich schnell und schmackhaft zubereiten; bei fleischloser Ernährung ist das Kochen viel zeitaufwendiger."			
„Täglich Fleisch zu essen ist doch kein übermäßiger Fleischkonsum."			
„Alle reden immer von <u>ausgewogener Ernährung</u>. Und deshalb esse ich alles, auch Fleisch."			
„Die Fleischproduktion ist umweltschädlich und klimaschädlich. Okay. Aber Fabriken und Autos helfen auch nicht, den Klimawandel zu bekämpfen."			
„Eine rein pflanzliche Ernährung ist doch nur etwas für alte Leute. Jüngere Menschen brauchen Fleisch, um Kraft zu haben und sich energiegeladen zu fühlen."			
„Vegetarier und Veganer freuen sich, dass es in Supermärkten und Restaurants immer mehr Angebote für sie gibt. Aber Menschen haben schon immer Fleisch gegessen. Warum sollten sie jetzt plötzlich darauf verzichten?"			
„Wer sich extrem vegetarisch oder vegan ernährt, muss spezielle Kenntnisse haben und sehr auf seine Ernährung achten, um nicht an Vitaminmangel oder an einer <u>Unterversorgung</u> mit anderen lebenswichtigen Nährstoffen zu leiden. Das ist mir zu anstrengend."			
„Man sagt, dass man bei fleischloser Ernährung schlanker wird. Aber ich <u>neige nicht zu Übergewicht</u> und mir schmeckt Fleisch. Warum sollte ich also meinen Ernährungsstil ändern?"			

KAPITEL 13
Schreiben Teil 1
Fleischkonsum

Auswertung

Sie haben am häufigsten 😊 angekreuzt?
Sie sind ein überzeugter Fleischesser. Auf Ihrem Speiseplan stehen morgens, mittags und abends Fleisch oder Fleischprodukte. Ist das nicht ein bisschen viel? Vielleicht essen Sie Fleisch ja nur aus Gewohnheit?

Sie haben am häufigsten 😐 angekreuzt?
Sie essen Fleisch in Maßen und auf keinen Fall täglich. Sie achten auf Qualität und auf eine ausgewogene Ernährung, auch wenn das manchmal mehr Zeit und Geld kostet, als schnell ein Schnitzel zu braten.

Sie haben am häufigsten 😟 angekreuzt?
Für Sie ist eine vegetarische oder vegane Ernährungsweise ideal. Sie beschäftigt, dass so viele Tiere getötet werden, die häufigen Skandale mit Tierfleisch, aber auch der Klimawandel. Sie wollen etwas für Ihre Gesundheit tun und gleichzeitig dazu beitragen, dass das Leben für alle Menschen auf unserem Planeten besser wird.

Vor- und Nachteile aufzählen – den Gegensatz betonen

Ein Vorteil ist, dass ... Nachteilig hingegen/dagegen ist ...
Ein (weiterer) Nachteil ist ... Von Vorteil jedoch/allerdings ist, dass ...

---

5 Vor- und Nachteile des Fleischkonsums.
Schreiben Sie wie im Beispiel. Um den Gegensatz zu betonen, verwenden Sie Ausdrücke aus dem gelben Kasten.

a Vorteilhaft ist, dass Fleisch viel Protein enthält. Von Nachteil hingegen ist, dass Massentierhaltung der Umwelt schadet.

b _____

c _____

6 Lesen Sie noch einmal die Aufgabe 7. Sammeln Sie dann aus den Aufgaben 1–5 die Ideen und Ausdrücke, die Sie für Ihren Forumsbeitrag benutzen möchten, und machen Sie einen Schreibplan.

▶ mehr Übungen zum Wortschatz **treffend! B2** (10.1, 10.2, 10.3)

Schreiben Teil 1
Fleischkonsum

KAPITEL **13**

7 Sie schreiben einen Forumsbeitrag zu dem Thema „Täglich Fleisch?".

– Äußern Sie Ihre Meinung zu hohem Fleischkonsum.

– Begründen Sie, warum so viele Menschen nicht auf Fleisch verzichten wollen.

– Nennen Sie andere Möglichkeiten sich zu ernähren.

– Nennen Sie Vor- und Nachteile der anderen Möglichkeiten.

Denken Sie an eine Einleitung und einen Schluss. Bei der Bewertung wird darauf geachtet, wie genau die Inhaltspunkte bearbeitet sind, wie korrekt der Text ist und wie gut die Sätze und Abschnitte sprachlich miteinander verknüpft sind. Schreiben Sie mindestens **150** Wörter.

Schreiben Teil 1
Valentinsgeschenk

1 Lesen Sie die Aufgabe 6 auf Seite 76 und notieren Sie Ideen zu den vier Inhaltspunkten ins Heft.

2 Würden Sie für folgende Valentinsgeschenke Geld ausgeben? Kreuzen Sie an.

	Ja	Vielleicht	Nein
für einen großen Rosenstrauß			
für ein Paar Designer-Sportschuhe			
für eine Marken-Armbanduhr			
für ein teures Schmuckstück			
für ein Valentinsdinner in einem exklusiven Restaurant			
für eine Wochenendreise in eine romantische Stadt			
für einen Einkaufsgutschein in Höhe von 50 €			

3 a Welche Argumente sprechen für (+) oder gegen (–) teure Valentinsgeschenke? Notieren Sie (+) oder (–).

1. Am „Tag der Liebenden" soll es doch gar nicht ums Geld gehen. Der Sinn der Sache ist eigentlich, dem anderen seine Gefühle zu äußern. Wichtig ist eher, sich Gedanken darüber zu machen, was sich die Partnerin oder der Partner wünscht. Und das muss nicht unbedingt etwas Materielles sein. ○

2. Bei vielen kommen luxuriöse Geschenke gut an, vorausgesetzt man hat auch etwas Passendes gefunden. ○

3. Teure Geschenke sind oft nur eine Notlösung, weil einem nichts Besseres einfällt. ○

4. Es ist übertrieben und passt auch nicht zu dem Tag. Durch solche Geschenke zeigt man dem anderen weder seine Liebe noch seine Zuneigung oder sein Interesse. ○

5. Warum nicht, wenn man sich etwas Kostspieliges leisten kann und dem anderen so eine Freude macht? ○

6. Zum Valentinstag beschenkt man sich normalerweise gegenseitig. Mit einem teuren Geschenk bringt man den anderen vielleicht nur in Verlegenheit oder setzt ihn sogar unter Druck, falls er sich etwas entsprechend Teures nicht leisten kann. ○

7. Ist doch eine schöne Überraschung, dem anderen etwas zu schenken, was er sich wünscht, jedoch selber nie kaufen würde, weil es zu teuer ist. ○

8. Es ist ein tolles Gefühl, dem anderen einen Wunsch zu erfüllen, auch wenn man dafür etwas tiefer in die Tasche greifen muss. ○

9. Mit einem wertvollen Valentinsgeschenk zeigt man dem anderen, wie wichtig er für einen ist. ○

10. Ist doch Unsinn! Mit einer Kleinigkeit kann man auch seine Liebe zeigen. Wichtig ist letztendlich nicht „was" man verschenkt, sondern „wie" man es verschenkt. ○

Schreiben Teil 1
Valentinsgeschenk

KAPITEL 14

b Wie kann man das auch sagen? Suchen Sie für die fett gedruckten Satzteile die entsprechenden unterstrichenen Satzteile in 3a und ergänzen Sie diese wie im Beispiel.

1 Man sollte den anderen nicht indirekt **zwingen** / _unter Druck setzen_, ein teures Geschenk zu kaufen.

2 Bevor man sich für ein Geschenk entscheidet, sollte man **sich** erstmal **überlegen** / _____, was auch dem anderen wirklich gefallen würde.

3 Ein teures Valentinsgeschenk hat nur dann einen Sinn, wenn man den anderen nicht **in eine peinliche Lage bringt** / _____.

4 Wertvolle Geschenke **machen vielen einen guten Eindruck** / _____.

5 Es lohnt sich, für ein Valentinsgeschenk **viel Geld auszugeben** / _____.

6 Oft schenkt man etwas Teures, weil **man keine bessere Idee hat** / _____.

---

weitere Argumente aufzählen II

Am Valentinstag etwas Teures zu verschenken, finde ich etwas übertrieben. **Abgesehen davon / Außerdem/Zudem / Darüber hinaus** setzt man den anderen vielleicht unter Druck, falls er sich etwas entsprechend Teures nicht leisten kann.
Dazu kommt / Hinzu kommt, dass man den anderen vielleicht unter Druck setzt, falls er sich etwas entsprechend Teures nicht leisten kann.

---

c Sind Sie für oder gegen teure Valentinsgeschenke? Nennen Sie mindestens zwei Argumente, die Ihre Meinung unterstützen, und verwenden Sie dabei Ausdrücke aus dem gelben Kasten.

_____
_____
_____
_____

KAPITEL 14

Schreiben Teil 1
Valentinsgeschenk

4 a Anna Neuber hat in ihrem Blog Ideen für Valentinsgeschenke gesammelt. Welche Idee(n) wäre(n) für folgende Personen interessant? Ordnen Sie zu.

1. Paul (17) ist etwas schüchtern, möchte aber seiner neuen Freundin eine Liebeserklärung machen.
2. Luisa (22) möchte einen romantischen Abend mit ihrem Freund zu Hause verbringen.
3. Frau Berger (40) möchte dieses Jahr ihrem Mann etwas Ausgefallenes schenken, was aber auch seinen Interessen entspricht.
4. Amelie (19) findet gekaufte Valentinsgeschenke langweilig und fantasielos. Ihr macht Schenken Spaß, wenn sie dabei auch kreativ sein kann.
5. Konstantin (28) findet Valentinsgeschenke kitschig, möchte aber trotzdem an dem Tag mit seiner Liebsten etwas Besonderes unternehmen.

1	2	3	4	5

Home » Geschenkideen zu jedem Anlass » Valentinstag

Valentinstag

Hallo Leute,

in zwei Wochen ist Valentinstag und viele stehen sicher noch vor der Frage: „Was soll ich ihr/ihm schenken?" Statt etwas Kitschiges oder Fantasieloses zu kaufen, gibt es auch andere Möglichkeiten, eurem Schatz eine Freude zu machen. Man muss sich nur etwas Originelles ausdenken, um sie/ihn zu überraschen. Hier habe ich verschiedene Vorschläge, die einzeln oder in Kombination einfach realisierbar sind, nicht viel oder gar nichts kosten und sie/ihn sicher begeistern werden.

Eure Anna

a

⏱ 4 min

Gemeinsam etwas Neues ausprobieren

Was haltet ihr von einem Schnupperkurs? Von einem Koch-, Bastel- oder Tanz-Schnupperkurs? Sicher findet ihr etwas Passendes, was ihr schon immer gemeinsam ausprobieren wolltet, aber was bis jetzt leider nie geklappt hat. Eine gute Gelegenheit, durch eine gemeinsame Aktivität eure Beziehung aufzufrischen.

— mehr 💬 3

b

⏱ 5 min

„Liebe geht durch den Magen"

Gebt euch etwas Mühe und kocht ihr/sein Lieblingsessen mit Vor- und Nachspeise, dekoriert den Tisch mit Rosenblättern und schafft mit Kerzenlicht und romantischer Musik eine idyllische Atmosphäre nur für euch zwei. Romantik pur.

— mehr 💬 2

Schreiben Teil 1
Valentinsgeschenk

KAPITEL 14

c

⏱ 4 min

Etwas Liebes schreiben

Der Valentinstag ist ein idealer Anlass, ihr/ihm eure Liebe zu gestehen. Ein selbstgeschriebener Liebesbrief klingt vielleicht altmodisch, ist jedoch etwas ganz Persönliches, etwas Emotionales, was von Herzen kommt. Fällt es euch schwer, so einen Brief zu schreiben, dann ist die Idee einer kleinen Liebesbox, in die ihr Zettelchen hineinlegt, auch eine wundervolle Idee. Schreibt auf diese Zettelchen alles, was ihr an ihr/ihm liebt.

— **mehr**   💬 4

d

⏱ 6 min

Gemeinsam etwas unternehmen

Denkt euch einen schönen Spaziergang aus: am Flussufer, am See oder einen nächtlichen Spaziergang unter den Sternen. Bei Regenwetter könnt ihr mit eurem Schatz eine schöne Foto- oder Kunstausstellung besuchen, ins Konzert, ins Theater oder ins Kino gehen – das hängt natürlich auch von den Interessen des anderen ab. Aber egal, wofür ihr euch entscheidet, wichtig ist: Ihr nehmt euch eine liebevolle Auszeit vom stressigen Alltag und genießt diese Zeit zusammen.

— **mehr**   💬 2

e

⏱ 5 min

Etwas Selbstgemachtes schenken

Schenkt ein Fotoalbum mit Bildern eurer gemeinsamen Zeit: Sucht euch einfach die lustigsten, schönsten oder romantischsten Bilder der letzten Wochen, Monate oder Jahre aus, klebt sie in ein Fotoalbum und schreibt noch ein paar nette Kommentare dazu. Kostet nicht viel, ist kreativ und leicht herzustellen. Etwas Individuelles, was sicher beeindruckt und unvergesslich bleibt, da man es sich immer wieder anschauen kann.

— **mehr**   💬 5

b Lesen Sie noch einmal die Ideen in 4a. Was passt? Ordnen Sie zu.

1 etwas Ausgefallenes schenken
2 sich etwas ausdenken
3 seine Beziehung auffrischen
4 sich Mühe geben
5 jemandem seine Liebe gestehen
6 sich eine Auszeit nehmen

a jemandem sagen oder schreiben, dass man ihn liebt
b eine kleine Pause machen
c etwas Originelles/Außergewöhnliches schenken
d seine Beziehung beleben
e sich bemühen
f intensiv überlegen, um auf eine gute Idee zu kommen / sich etwas einfallen lassen

c Welche Vorteile haben Annas Vorschläge? Machen Sie Notizen.

_____

_____

KAPITEL 14

Schreiben Teil 1
Valentinsgeschenk

5 Lesen Sie noch einmal die Aufgabe 6. Sammeln Sie dann aus den Aufgaben 1–4 die Ausdrücke und Ideen, die Sie für Ihren Forumsbeitrag benutzen möchten, und machen Sie einen Schreibplan.

▶ mehr Übungen zum Wortschatz **treffend! B2** (2.4)

6 Sie schreiben einen Beitrag in einem Forum, in dem darüber diskutiert wird, wie viel Geld man für Geschenke ausgeben sollte.

– Was halten Sie von teuren Geschenken zum Valentinstag?

– Begründen Sie, warum Sie für oder gegen teure Valentinsgeschenke sind.

– Welche anderen Möglichkeiten gibt es, jemandem seine Liebe zu zeigen?

– Welche Vorteile haben die anderen Möglichkeiten?

Denken Sie an eine Einleitung und einen Schluss. Bei der Bewertung wird darauf geachtet, wie genau die Inhaltspunkte bearbeitet sind, wie korrekt der Text ist und wie gut die Sätze und Abschnitte sprachlich miteinander verknüpft sind. Schreiben Sie mindestens **150** Wörter.

Schreiben Teil 2
Beschwerde an Schwimmbad

KAPITEL 15

1 a Lesen Sie die Aufgabe 5 auf Seite 80 und wählen Sie Ihr Thema.

b Lesen Sie Ihr Thema. In welcher Situation befinden Sie sich? Notieren Sie.

Meine Situation:

– Was mache ich? _____

– Warum schreibe ich? _____

– An wen schreibe ich? _____

– Was schreibe ich? Eine Nachricht oder eine E-Mail? _____

c Lesen Sie die Inhaltspunkte. Was sollen Sie machen? Kreuzen Sie an.

- ○ etwas fordern
- ○ etwas erklären
- ○ etwas beschreiben
- ○ etwas loben
- ○ mich beschweren
- ○ mich erkundigen

2 a Und was machen Sie jetzt? Was passt? Ordnen Sie zu.

> Und was machen Sie jetzt? Beschweren Sie sich und fordern eine Entschädigung?

> Auf jeden Fall beschwere ich mich. Und ich will einen Teil meines Geldes zurück. Oder vielleicht auch einen Gutschein. Mal sehen, was die mir anbieten.

1. Ich möchte mich bei Ihnen beschweren, denn während meines Wellness-Urlaubs in Ihrem Hotel war die Sauna drei Tage lang außer Betrieb.

2. Ich möchte mich darüber beschweren, dass ich auf dem Flug von Amsterdam nach Athen kein glutenfreies Gericht bekommen konnte, obwohl ich dafür sogar extra bezahlt hatte.

3. Wegen Reparaturarbeiten Ihrer Firma hatte ich eine Woche lang kein Internet und deswegen möchte ich mich beschweren.

4. Meine Beschwerde betrifft mein Brautkleid, das ich Ihnen zur Reinigung gebracht habe, da ich es beim Anprobieren leicht verschmutzt hatte. Nach der Reinigung war es dann aber nicht mehr weiß, sondern hellblau.

a. In zehn Tagen heirate ich und daher fordere ich von Ihnen den sofortigen Ersatz des entstandenen Schadens.

b. Da ich Übersetzerin bin und von zu Hause aus arbeite, hatte ich große Schwierigkeiten bei meiner Arbeit. Das Mindeste ist, dass Sie mir eine entsprechende Entschädigung anbieten.

c. Es war eine Zumutung, dass ich den ganzen Flug über keine Mahlzeit zu mir nehmen konnte, und ich fordere dafür von Ihnen eine Entschädigung.

d. Ich bestehe auf einer Entschädigung für die Tage, an denen ich sie nicht benutzen konnte.

KAPITEL 15
Schreiben Teil 2
Beschwerde an Schwimmbad

b Unterstreichen Sie in 2a alle Ausdrücke, die Ihnen helfen, wenn Sie sich beschweren oder eine Entschädigung fordern möchten. Schreiben Sie diese in die gelben Kästen.

```
sich beschweren
_____
_____
_____
_____
```

```
eine Entschädigung fordern
_____
_____
_____
_____
```

c Wählen Sie eine Situation. Beschweren Sie sich und fordern Sie eine Entschädigung. Benutzen Sie Ausdrücke aus den Kästen.

A Der Pizza-Service hat schon zum dritten Mal die falsche Pizza gebracht, jedes Mal mit Salami, obwohl Sie nur vegetarische Pizza bestellt haben.

B Im Fitness-Studio sind die Toiletten immer sehr dreckig, obgleich Sie sich schon einmal beschwert haben.

_____
_____
_____
_____
_____

Schreiben Teil 2
Beschwerde an Schwimmbad

KAPITEL 15

3 a Daniel liest folgende Anzeige eines Schwimmbades und ist begeistert. Lesen Sie die Anzeige und unterstreichen Sie die Vorteile, die das Schwimmbad bietet.

WASSERPARADIES
das Schwimmbad der Superlative

Wussten Sie, dass …

… das WASSERPARADIES das einzige überdachte 50-m-Sportschwimmbecken in der Region ist und damit ideale Trainingsbedingungen bietet?

… im WASSERPARADIES der Blick in die Natur nie durch beschlagene Scheiben behindert wird, da die Panoramascheiben beheizt werden?

… wir im WASSERPARADIES völlig auf Chlor verzichten und somit Augen, Atmung und Haut weniger gereizt werden?

… das WASSERPARADIES als einziges Schwimmbad dreimal wöchentlich abends Disco-Schwimmen mit den neuesten Hits anbietet? Da kommt keine Langeweile auf!

… im WASSERPARADIES die in der Region erste 6-Meter-Kletterwand fürs Waterclimbing auf Sie wartet?

… das WASSERPARADIES das Schwimmbad mit den längsten Öffnungszeiten in der Umgebung ist?

… das WASSERPARADIES aus allen umliegenden Orten sehr bequem mit dem Bus zu erreichen ist?

… das WASSERPARADIES die günstigsten Eintrittspreise (Tages-, Wochen-, Monats- und Jahreskarten) für Familien, Senioren, Schüler und Studenten hat?

Mehr Informationen unter
www.wasserparadies.de

b Was meinen Sie? Was begeistert Daniel und warum? Schreiben Sie 3 weitere Punkte.

1 Er findet den völligen Verzicht auf Chlor super, denn er hat eine empfindliche Haut. / Er findet super, dass das Schwimmbad völlig auf Chlor verzichtet, denn …

2 _____

3 _____

4 _____

Schreiben Teil 2
Beschwerde an Schwimmbad

4 a Lesen Sie noch einmal die Aufgabe 5. Überlegen Sie sich eine passende Reihenfolge für die Inhaltspunkte und nummerieren Sie diese von 1 bis 4.

b Sammeln Sie dann aus den Aufgaben 2–3 die Ideen und Ausdrücke, die Sie benutzen möchten, und machen Sie einen Schreibplan. Ergänzen Sie ihn mit weiteren Ausdrücken und eigenen Ideen.

5 Wählen Sie Ihr Thema: a oder b?

a für Jugendliche
Du hast eine Monatskarte für das Schwimmbad NORD, das aber plötzlich wegen Reparaturarbeiten für zehn Tage schließt. Schreibe an Frau Strähle im Informationsbüro des Schwimmbads.

- Erkläre, warum du eine Monatskarte für dieses Schwimmbad gekauft hast.
- Fordere eine Entschädigung*.
- Beschwere dich.
- Schildere, welche Konsequenzen die vorübergehende Schließung des Schwimmbads für dich hat.

Überleg dir eine passende Reihenfolge für die Inhaltspunkte.
Bei der Bewertung wird darauf geachtet, wie genau die Inhaltspunkte bearbeitet sind, wie korrekt der Text ist und wie gut die Sätze und Abschnitte sprachlich miteinander verknüpft sind. Vergiss nicht Anrede und Gruß. Schreibe mindestens **100** Wörter.

b für Erwachsene
Sie haben eine Monatskarte für das Schwimmbad NORD, das aber plötzlich wegen Reparaturarbeiten für zehn Tage schließt. Schreiben Sie an Frau Strähle im Informationsbüro des Schwimmbads.

- Erklären Sie, warum Sie eine Monatskarte für dieses Schwimmbad gekauft haben.
- Fordern Sie eine Entschädigung*.
- Beschweren Sie sich.
- Schildern Sie, welche Konsequenzen die vorübergehende Schließung des Schwimmbads für Sie hat.

Überlegen Sie sich eine passende Reihenfolge für die Inhaltspunkte.
Bei der Bewertung wird darauf geachtet, wie genau die Inhaltspunkte bearbeitet sind, wie korrekt der Text ist und wie gut die Sätze und Abschnitte sprachlich miteinander verknüpft sind. Vergessen Sie nicht Anrede und Gruß. Schreiben Sie mindestens **100** Wörter.

*Geld oder eine andere Kompensation

Schreiben Teil 1
Aufputschmittel

KAPITEL 16

1 Herr Dr. Berger schreibt zum Thema „Prüfungsstress". Lesen Sie den Anfang seines Beitrags und ordnen Sie die unterstrichenen Ausdrücke den Definitionen zu.

Dr. Berger

Ratgeber | Für Ärzte | Für Apotheker | Über uns

Prüfungsstress

Bei Prüfungsstress nehmen viele Schüler und Studierende Aufputschmittel. Dazu gehören zum Beispiel Kaffee, Koffeintabletten oder auch die sehr beliebten Energydrinks. Indem sie zu solchen Mitteln greifen, hoffen diese jungen Menschen, länger wach bleiben und konzentrierter lernen zu können. Aber das ist falsch! Energydrinks beispielsweise wirken nur für etwa 20 Minuten. Und danach? Danach fällt man in ein noch größeres Leistungstief, ist noch müder als zuvor. Also trinkt man noch einen Energydrink und noch einen ... Im schlimmsten Fall wird man psychisch abhängig von diesen Drinks und glaubt, dass man ohne sie überhaupt nicht mehr pauken kann. Und selbstverständlich gibt es Nebenwirkungen: Kopfschmerzen, Nervosität, Schlaflosigkeit, um nur die häufigsten zu nennen. Noch viel gefährlicher sind verschreibungspflichtige Medikamente. Aber keine Angst! Es gibt viele andere, risikofreie Mittel und Möglichkeiten, wie man dem Prüfungsstress entgegenwirken und die Lernmüdigkeit überwinden kann. ...

Dr. Berger Gesundheitstipps

a für diese Medikamente braucht man ein Rezept von einem Arzt: _____

b plötzlich kommt man in eine Situation, in der man sehr wenig leisten kann: _____

c ohne Risiko: _____

d nicht mehr müde sein und wieder lernen können: _____

e solche Mittel konsumieren, weil man glaubt, dass sie helfen: _____

f Kaffee, Energydrinks und anderes: _____

g mit mehr Konzentration: _____

h den Prüfungsstress bekämpfen: _____

i für die Schule oder eine Prüfung lernen: _____

j Wirkungen eines Mittels, eines Medikaments, die man nicht will: _____

KAPITEL 16

Schreiben Teil 1
Aufputschmittel

2 Lesen Sie die Aufgabe 7 auf Seite 85 und notieren Sie Ideen zu den vier Inhaltspunkten ins Heft.

3 a Dr. Berger gibt auch Tipps, wie man mit Prüfungsstress besser umgehen kann. Lesen Sie die Tipps und ergänzen Sie die Smileys: Welchen Tipp finden Sie gut 🙂, welchen nicht ☹?

Dr. Berger | Ratgeber | Für Ärzte | Für Apotheker | Über uns

Hier sind ein paar Tipps, wie man mehr und besser lernen kann:

1. Wartet nicht bis zur letzten Minute, sondern lernt während des ganzen Schuljahres. Dadurch müsst ihr dann vor den Prüfungen nicht so viel pauken.

2. Macht einen Lernplan und teilt den Stoff* in kleine Portionen ein. Plant auch Pausen ein. Durch einen solchen Lernplan könnt ihr das Lernen besser strukturieren.

3. Esst nicht so viel Süßigkeiten, sondern lieber Obst oder Nüsse als Snack. So tankt ihr gesunde Energie und eure Konzentrationsfähigkeit steigt.

4. Trinkt anstatt Kaffee lieber einen leckeren Obst-Smoothie. Durch die vielen Vitamine wird der ganze Organismus fit. Außerdem haben Obst-Smoothies keine Nebenwirkungen.

5. Nutzt Lernpausen für einen Spaziergang. Dadurch, dass ihr euch an der frischen Luft bewegt, wird euer Kopf wieder frei und ihr könnt eure Lernmüdigkeit überwinden.

6. Trefft euch mit Freunden und habt Spaß! Auf diese Weise habt ihr die Unterhaltung, die ihr braucht, und das ist besser als jeden Abend fernzusehen. Aber Vorsicht! Trinkt keinen Alkohol! Ihr wollt ja am nächsten Morgen wieder lernen.

7. Macht mindestens zweimal in der Woche Sport. Das hilft gegen Nervosität. Durch regelmäßiges Sporttreiben könnt ihr außerdem nachts besser schlafen.

Dr. Berger Gesundheitstipps

* das, was man lernen muss

b Kennen Sie noch andere Möglichkeiten, wie man dem Prüfungsstress entgegenwirken kann? Diskutieren Sie und machen Sie Notizen.

_____
_____
_____

Schreiben Teil 1
Aufputschmittel

KAPITEL 16

> **erklären, wie ...**
>
> **Durch** einen Lernplan kann man das Lernen besser strukturieren.
> **Mithilfe** eines Lernplans / **Mithilfe von** Lernplänen kann man das Lernen besser strukturieren.
> **Dadurch, dass** man einen Lernplan macht, kann man das Lernen besser strukturieren.
> **Indem** man einen Lernplan macht, kann man das Lernen besser strukturieren.
> Man sollte einen Lernplan machen. **So / Auf diese Weise / Dadurch** kann man das Lernen besser strukturieren.

 a Wie funktionieren die Tipps? Welche Vorteile hat man? Lesen Sie noch einmal die Tipps von Dr. Berger. Lesen Sie auch die Beispiele im gelben Kasten und verbinden Sie dann.

1 Mithilfe von Lernpausen
2 Durch einen Lernplan
3 Dadurch, dass man regelmäßig Sport treibt,
4 Indem man Obst oder Nüsse als Snack isst,
5 Man sollte nicht bis zur letzten Minute warten, sondern während des ganzen Schuljahres lernen.

a kann man seine Lernmüdigkeit überwinden.
b tankt man gesunde Energie.
c kann man den Stoff in kleine Portionen einteilen.
d ist man nicht so nervös.
e Auf diese Weise muss man vor den Prüfungen nicht mehr so viel pauken.

b Schreiben Sie nun selbst zwei Tipps und ihre Vorteile. Verwenden Sie dazu Ausdrücke aus dem gelben Kasten.

KAPITEL 16

Schreiben Teil 1
Aufputschmittel

5 Lesen Sie die Kommentare zu dem Hundefoto und bewerten Sie diese:

0 = So ein Unsinn!
1 = Na ja, okay.
2 = Ja, genau! Das ist das Problem!

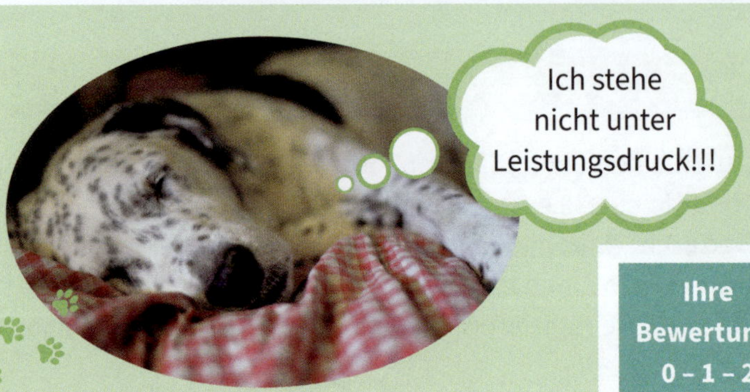

Ich stehe nicht unter Leistungsdruck!!!

Ihre Bewertung: 0 – 1 – 2

charly31: Meine Eltern wollen immer eine Eins! Ich möchte mal gerne ihre Zeugnisse sehen!!!

yuhi02: So ein Hund möchte ich sein! Der hat nicht das Problem, dass er zu viel Stoff in zu kurzer Zeit lernen muss.

blabla17: Für mein Traumstudium brauche ich unbedingt sehr gute Noten.

hero18: Ich bin kein guter Schüler. Vor Prüfungen bekomme ich immer Panik und kann mich nicht aufs Lernen konzentrieren. Ich habe kein Selbstvertrauen.

sasar1: Im Unterricht verstehe ich vieles nicht. Wie soll ich denn dann für die Prüfungen lernen können und gute Noten bekommen?

zzar99: Alle erwarten von mir, dass ich immer der Beste in der Klasse bin. Der Leistungsdruck ist furchtbar, nicht nur von meinen Eltern, sondern auch von meinen Verwandten und meinen Lehrern.

kiki22: Ja, aber auch die Konkurrenz ist sehr groß. Für gute Studienplätze, Praktika oder Jobs gibt es viel zu viele Bewerber. Da muss man Supernoten haben.

burbu00: Ich stehe nicht unter Leistungsdruck und ich habe auch keinen Prüfungsstress. Ich lerne jeden Tag und bekomme immer gute Noten!

6 Lesen Sie noch einmal die Aufgabe 7. Sammeln Sie dann aus den Aufgaben 1–5 die Ausdrücke und Ideen, die Sie für Ihren Forumsbeitrag benutzen möchten, und machen Sie einen Schreibplan.

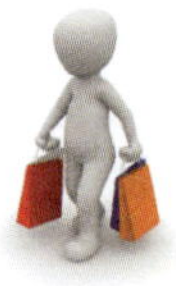

▸ *mehr Übungen zum Wortschatz* **treffend! B2** (3.2, 10.3, 11.5)

Schreiben Teil 1
Aufputschmittel

KAPITEL 16

7 Sie schreiben einen Forumsbeitrag zum Thema „Prüfungsstress".

– Äußern Sie Ihre Meinung zur Einnahme von Aufputschmitteln, wenn man für eine Prüfung lernt.

– Nennen Sie Gründe, warum diese Mittel so verbreitet sind.

– Nennen Sie andere Möglichkeiten, wie man dem Prüfungsstress entgegenwirken kann.

– Nennen Sie Vorteile der anderen Möglichkeiten.

Denken Sie an eine Einleitung und einen Schluss. Bei der Bewertung wird darauf geachtet, wie genau die Inhaltspunkte bearbeitet sind, wie korrekt der Text ist und wie gut die Sätze und Abschnitte sprachlich miteinander verknüpft sind. Schreiben Sie mindestens **150** Wörter.

Schreiben Teil 1
Altenheime

1 Lesen Sie die Aufgabe 7 auf Seite 91 und notieren Sie Ideen zu den vier Inhaltspunkten ins Heft.

2 Was passt? Ordnen Sie zu.

a	gut aufgehoben sein	○	noch kräftig und voller Energie sein
b	seniorengerecht	○	ein Problem, das viel Arbeit und Mühe macht
c	etwas fällt jemandem schwer	○	etwas für jemanden leichter, einfacher machen
d	die Belastung	○	die Hilfe fremder Menschen brauchen
e	seinen Lebensabend verbringen	○	alle alltäglichen Arbeiten machen können
f	pflegebedürftig sein	a	an einem Ort sein, wo man alles hat, was man braucht
g	seinen Alltag bewältigen	○	etwas ist nicht leicht für jemanden
h	auf fremde Hilfe angewiesen sein	○	so, dass es für ältere Menschen praktisch und bequem ist
i	noch rüstig sein	○	Pflege durch Angehörige, Freunde oder professionelles Personal brauchen
j	jemanden entlasten	○	die restlichen Jahre seines Lebens leben

3 a Lesen Sie den Blog und antworten Sie auf die Fragen. Machen Sie Notizen.

1 In welcher Situation befindet sich Martha?
_____
_____

2 Warum ist sie Bloggerin geworden?
_____
_____

Schreiben Teil 1
Altenheime

KAPITEL 17

Marthas Ü65 Blog

Liebe Freunde,

ich beginne heute diesen Blog. Ich bin jetzt 69 und lebe allein. Mein Sohn lebt mit seiner Familie in München, aber sie besuchen mich ziemlich oft. Hier in Hamburg habe ich meine Freunde, mit denen ich mich oft treffe und mit denen ich Ausflüge und anderes unternehme. Meinen Alltag bewältige ich noch sehr gut. Auch den Haushalt erledige ich allein, nur einmal in der Woche kommt eine Putzfrau. Das Treppensteigen fällt mir schwer, aber sonst fühle ich mich noch ganz rüstig.

Doch das wird nicht immer so bleiben. Es wird auch für mich der Moment kommen, in dem ich auf fremde Hilfe angewiesen sein werde. Deshalb mache ich mir Gedanken darüber, wie ich meinen Lebensabend verbringen möchte. Das macht ihr sicher auch. Und darum lade ich euch ein, damit wir unsere Ideen und Erfahrungen austauschen können, damit wir über unsere Probleme, Wünsche und Ängste sprechen und – das hoffe ich – Lösungen finden können.

Als einen ersten Schritt habe ich für euch eine kleine Liste verschiedener Alternativen mit kurzen Informationen gemacht, damit wir unser Blog-Gespräch beginnen können.

Ich freue mich schon auf euer Feedback!

Eure *Martha*

b Lesen Sie die Informationen über die ersten Leser des Blogs. Lesen Sie dann die Alternativen 1–5 in Marthas Blog. Was meinen Sie? Welche Alternative(n) könnte(n) für wen interessant sein?

Peter Burger fühlt sich in seiner großen Wohnung ein bisschen allein und sein Alltag wäre einfacher, wenn er bei einigen Dingen Hilfe hätte.

Alternative(n): _____

Linda und Wolfgang Hartmann leben im selben Mietshaus wie Wolfgangs Sohn Michael mit seiner Familie. Sie fühlen sich sehr gut aufgehoben, denn alle in Michaels Familie sind sehr hilfsbereit. Nun aber hat Michael einen neuen Job in Stockholm und seine Familie wird mit ihm nach Schweden ziehen.

Alternative(n): _____

Schreiben Teil 1
Altenheime

Anna Müller hat Arthritis, die leider immer schlimmer wird. Sie wohnt bei ihrer Tochter und deren Familie. Alle kümmern sich sehr liebevoll um sie. Aber sie weiß, dass sich an dieser Situation etwas ändern muss. Denn bald wird sie noch mehr Pflege brauchen und dann wird die Belastung für ihre Tochter, die auch berufstätig ist, einfach zu groß.

Alternative(n): _____

Alternativen

1 24-Stunden-Betreuung in der eigenen Wohnung: Man stellt eine Betreuungsperson ein. Sie übernimmt die Pflege und den Haushalt rund um die Uhr*. Man benötigt selbstverständlich in seiner Wohnung ein Zimmer, das man selbst nicht nutzt und in dem die Betreuungsperson wohnen kann.

2 Ambulanter Pflegedienst: Wenn nötig, kommen solche Pflegedienste auch mehrmals am Tag. Sie helfen im Haushalt, sind Begleitung für Spaziergänge oder beim Einkaufen. Wenn man pflegebedürftig ist, helfen sie zum Beispiel auch beim An- und Ausziehen oder bei der Körperpflege und entlasten so den Ehepartner bzw. die Familie.

3 Wohnen für Hilfe: Man vermietet ein Zimmer seiner Wohnung an einen Studenten (oder eine Studentin). Der Student bezahlt nur eine niedrige Miete, hilft aber als Gegenleistung im Haushalt, beim Einkaufen und im Garten. So hat man ein kleines Einkommen, Hilfe und Gesellschaft.

4 Altenheim: Es bietet eingerichtete Einzel- und Doppelzimmer, Service- und Pflegepersonal und verschiedene Freizeitaktivitäten. Bei Bedarf können spezielle Diätgerichte zubereitet und zusätzliche Pflegeprogramme organisiert werden.

5 Seniorenwohnung: Das ist ein kleines Appartement, das seniorengerecht eingerichtet ist. Meist bilden viele solche Appartements einen ganzen Wohnkomplex, in dem es auch Gemeinschaftsräume gibt. Es werden auch verschiedene Betreuungs- und Serviceleistungen angeboten, z.B. Pflegedienste, Putz- und Einkaufsdienste, Organisation von Freizeitaktivitäten

*Tag und Nacht

Schreiben Teil 1
Altenheime

KAPITEL 17

c Diskutieren Sie Ihre Ergebnisse aus 3a und 3b.

4 a Die Alternativen in Marthas Blog haben verschiedene Vor- und/oder Nachteile. Lesen Sie die Sätze und entscheiden Sie: Ist das ein Vorteil 🙂 oder ein Nachteil 🙁? Oder kann es vielleicht beides sein 🙂 + 🙁? Notieren Sie dann, auf welche Alternative(n) sich der Satz bezieht.

	🙂	🙁	Alternative(n)
1 Hier werden Möglichkeiten zu Freizeitaktivitäten gemeinsam mit anderen geboten.	X		4,
2 Man wohnt weiterhin in seiner eigenen Wohnung bzw. in seinem eigenen Haus.			
3 Ausgebildetes Personal übernimmt die Verpflegung und, falls nötig, auch die medizinische Versorgung.			
4 Man verlässt seine gewohnte Umgebung.			
5 Man hat jemanden, der sich an die eigenen Bedürfnisse und Gewohnheiten anpasst.			
6 Man fühlt sich nicht einsam und unsicher.			
7 Man lebt mit fremden Menschen zusammen.			
8 Man braucht sich nicht um den Haushalt zu kümmern.			

b Haben Sie vielleicht bei einem oder mehreren Sätzen in 4a 🙂 und 🙁 angekreuzt? Begründen Sie kurz, warum das Ihrer Meinung nach sowohl ein Vorteil als auch ein Nachteil sein kann. Schreiben Sie ins Heft.

c Diskutieren Sie Ihre Ergebnisse aus 4a und 4b.

KAPITEL 17

Schreiben Teil 1
Altenheime

> Manchmal weiß man über ein Thema nicht viel. Kein Grund zur Panik! Schreiben Sie dann, was Sie glauben. Beginnen Sie mit den Ausdrücken aus dem gelben Kasten.

eine Vermutung ausdrücken

Ich glaube, … / Ich vermute, … / Ich nehme an, …
Ich bin mir nicht sicher, aber ich denke, …
Ich könnte mir vorstellen, …
vermutlich/wahrscheinlich
vielleicht/eventuell/möglicherweise

5 Wählen Sie eine Alternative aus Marthas Blog und schreiben Sie drei Vor- und/oder Nachteile. Verwenden Sie dabei Ausdrücke aus dem gelben Kasten.

_____
_____
_____
_____
_____
_____

6 Lesen Sie noch einmal die Aufgabe 7. Sammeln Sie dann aus den Aufgaben 1–5 die Ausdrücke und Ideen, die Sie für Ihren Forumsbeitrag benutzen möchten, und machen Sie einen Schreibplan.

▶ *mehr Übungen zum Wortschatz* **treffend! B2** (1.1, 1.3)

Schreiben Teil 1
Altenheime

KAPITEL 17

7 Sie schreiben einen Forumsbeitrag zu Leben und Wohnen im Alter.

- Äußern Sie Ihre Meinung zu Altenheimen.
- Begründen Sie, warum Sie für oder gegen Altenheime sind.
- Nennen Sie Alternativen zu Altenheimen.
- Nennen Sie Vorteile und/oder Nachteile dieser Alternativen.

Denken Sie an eine Einleitung und einen Schluss. Bei der Bewertung wird darauf geachtet, wie genau die Inhaltspunkte bearbeitet sind, wie korrekt der Text ist und wie gut die Sätze und Abschnitte sprachlich miteinander verknüpft sind. Schreiben Sie mindestens **150** Wörter.

KAPITEL 18

Schreiben Teil 2
Praktikum im Hotel

1 a Lesen Sie die Aufgabe 5 auf Seite 97 und wählen Sie Ihr Thema.

b Lesen Sie Ihr Thema. In welcher Situation befinden Sie sich? Notieren Sie.

Meine Situation:

– Was mache ich? _____

– Warum schreibe ich? _____

– An wen schreibe ich? _____

– Was schreibe ich? Eine Nachricht oder eine E-Mail? _____

c Lesen Sie die Inhaltspunkte. Was sollen Sie machen? Kreuzen Sie an.

- ◯ etwas beschreiben
- ◯ um Rat bitten
- ◯ etwas erklären
- ◯ Verständnis zeigen
- ◯ etwas bedauern
- ◯ mich entschuldigen

2 a Was gehört zu diesen Hotelabteilungen? Ordnen Sie zu.

Hotelabteilung

1 Housekeeping ◯

2 Food & Beverage ◯

3 Front-Office ◯

4 Bankett ◯

Schreiben Teil 2
Praktikum im Hotel

KAPITEL 18

a die Rezeption

b die Organisation und Durchführung von Feiern, Seminaren, Konferenzen etc. in einem Hotel

c die Gastronomie eines Hotels: Küche, Restaurant, Bar, Zimmerservice etc.

d die Reinigung eines Hotels und der Gästezimmer

b Zu welchen Hotelabteilungen von 2a gehören folgende Aufgaben?

Abteilung	Aufgaben	Kontakt
4	Veranstaltungsräume vorbereiten und aufräumen	
	Bedienung der Telefonzentrale	X
	Betten abziehen und neu beziehen	
	Gläser und Besteck polieren	
	beim Check-in und Check-out helfen	
	Gästezimmer reinigen	
	Tische decken und abräumen	
	Speisen und Getränke servieren und abräumen	
	Auskünfte über Bahn- und Flugverbindungen geben, Taxis bestellen	
	Obst, Gemüse und Salat putzen und schneiden	
	Tipps zu Sightseeing und zur Freizeitplanung geben	
	für Reklamationen und Beschwerden von Gästen zuständig sein	
	Bestellungen aufnehmen	
	Gäste empfangen, in ihre Zimmer begleiten, über die Zimmerausstattung und andere Angebote im Hotel informieren	
	beim Aufbau und der Dekoration von Büfetts für verschiedene Veranstaltungen helfen	

c Bei welchen Aufgaben in 2b hat man direkten Kontakt zu Hotelgästen? Kreuzen Sie in 2b an.

Schreiben Teil 2
Praktikum im Hotel

KAPITEL 18

3 a Praktikanten in der Hotellerie äußern sich in einem Forum über Probleme, die sie im Umgang mit Gästen haben. In welcher Hotelabteilung aus 2a arbeiten die Praktikanten? Es gibt manchmal mehr als eine Möglichkeit. Lesen Sie und notieren Sie in der Tabelle.

Forum » Hotellerie » Praktikum » Hotelabteilungen

Natürlich sollte man Hotelgäste immer zuvorkommend behandeln, auf ihre Wünsche eingehen und flexibel sein. In der Praxis sieht das aber ein bisschen anders aus, vor allem wenn man es mit schwierigen Gästen zu tun hat. Wir beraten euch, wie man schwierige Situationen mit Gästen bewältigen kann.

Jana Novak

	Hotelabteilung
Alex	3
Debora	
Kevin	
Jessica	
Florian	
Anna	

Alex 20 Jahre

Montag um 11:52 Uhr

Das stimmt. „Schwierige" Gäste zufriedenzustellen, da braucht man sicher nicht nur viel Geduld, sondern auch Erfahrung, und die hat man als Praktikant oft nicht. Ich fühle mich vor allem im Umgang mit Gästen unsicher, die ständig meckern. Das Zimmer ist zu klein und zu laut, die Aussicht ist schlecht. O.K. Man wechselt das Zimmer. Dann ist die Matratze zu hart oder zu weich, der Schrank zu klein und das Bad zu eng. Oder man wurde vom Weckdienst nicht pünktlich geweckt. Und das nimmt kein Ende.

Like Zitieren

Debora 19 Jahre

Montag um 14:12 Uhr

Ja, das sind dieselben Gäste, die auch im Restaurant immer etwas auszusetzen haben. Mal ist das Essen zu stark, mal zu wenig gewürzt, das Frühstücksbüfett hat zu wenig Auswahl, die Messer sind stumpf. Ich möchte meine Praktikumsleiterin nicht gern mit meinen Problemen belästigen, aber manchmal weiß ich wirklich nicht, was ich machen soll.

Like Zitieren

Kevin 21 Jahre

Montag um 15:34 Uhr

Also, ich ärgere mich eher über diese arroganten Gästetypen. Die genießen es, Hotelangestellte mit allen möglichen Bemerkungen zu beleidigen, nur weil sie glauben, sie seien etwas Besonderes. „Sie haben keine Ahnung vom Kundenservice!!!", sagte mir gestern ein Herr, während ich ihm die Speisekarte reichte. Vielleicht hatte ich ihn nicht sofort angesprochen, um ihn zu bedienen. Keine Ahnung! Mir fällt es wirklich schwer, in solchen Fällen höflich und freundlich zu bleiben.

Like Zitieren

Schreiben Teil 2
Praktikum im Hotel

KAPITEL 18

Jessica, 18 Jahre — Montag um 17:41 Uhr

Und mit den ungeduldigen Gästen? Ich weiß nicht, wie ich mit ihnen zurechtkommen kann. Die haben es immer eilig und wollen sofort bedient werden, egal ob man sich gerade um einen anderen Gast kümmert. Bei ihnen kann es gar nicht schnell genug gehen. Oft schreien sie einen sogar vor allen anderen Gästen an. Wie sollte man in solchen Situationen reagieren?

Florian, 18 Jahre — Montag um 18:09 Uhr

Ich weiß nicht, wie ich mich gegenüber redseligen Gästen verhalten soll. Die sind zwar ganz nett und freundlich, suchen aber immer eine Gelegenheit, einem ihre ganze Lebensgeschichte zu erzählen. Und das stresst mich sehr. Ich habe schließlich keine Zeit, mir das ganze Gerede anzuhören. Was kann man da sagen, ohne unhöflich zu wirken?

Anna, 22 Jahre — Montag um 21:27 Uhr

Ich mache mein Praktikum in einem Hotel in Berlin und habe täglich Kontakt zu Touristen aus dem Ausland. Mit meinen Fremdsprachkenntnissen (Englisch, Französisch und Spanisch) komme ich auch mit den meisten gut zurecht. Aber im Umgang mit chinesischen Gästen fühle ich mich überfordert. Ich spreche kein Wort Chinesisch und falls sie Englisch sprechen, verstehe ich sie meistens nur schlecht. Aber mein Problem ist eigentlich, dass mir die Umgangsformen und die Verhaltensweisen dieser Touristen total fremd sind. Was soll ich bei diesen Gästen besonders beachten? Dafür brauche ich dringend einige Tipps.

b Lesen Sie noch einmal die Beiträge von den Praktikanten in 3a und unterstreichen Sie die Ausdrücke, mit denen sie über ihre Probleme sprechen.

c Wie steht das im Text? Suchen Sie nach den passenden Ausdrücken in 3a und notieren Sie.

Jana Novak

1 sich gegenüber Gästen höflich verhalten und hilfsbereit sein:

Gäste zuvorkommend behandeln

2 für die Wünsche von Gästen Verständnis haben und bereit sein, sie zu erfüllen:

_____

Schreiben Teil 2
Praktikum im Hotel

Alex

3 die Wünsche und Erwartungen von Gästen befriedigen:
_____

4 dauernd unzufrieden sein und sich über alles beschweren:
_____

Debora

5 immer einen Fehler finden und alles kritisieren:
_____

6 jemanden nerven, weil man ihm von seinen Problemen erzählt:
_____

Kevin

7 große Schwierigkeiten haben:
_____

Jessica

8 im Umgang mit Gästen keine Probleme haben:
_____

9 laut mit jemandem schimpfen:
_____

Florian

10 einen unfreundlichen Eindruck machen:
_____

Anna

11 etwas ist zu viel, zu schwer für jemanden:
_____

4 a Lesen Sie noch einmal die Aufgabe 5. Überlegen Sie sich eine passende Reihenfolge für die Inhaltspunkte und nummerieren Sie diese von 1 bis 4.

b Sammeln Sie dann aus den Aufgaben 1–3 die Ideen und Ausdrücke, die Sie benutzen möchten, und machen Sie einen Schreibplan. Ergänzen Sie ihn mit weiteren Ausdrücken und eigenen Ideen.

Schreiben Teil 2
Praktikum im Hotel

KAPITEL 18

5 Wählen Sie Ihr Thema: a oder b?

a für Jugendliche

Du machst ein Praktikum in einem Hotel in Deutschland. Dir macht die Arbeit Spaß, aber im Kontakt mit Gästen weißt du manchmal nicht, wie du dich verhalten sollst. Du schreibst an deine Praktikumsleiterin, Frau Thälmann.

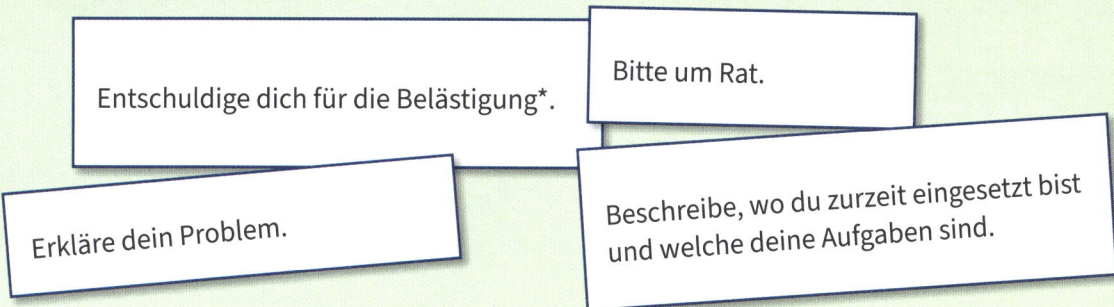

- Entschuldige dich für die Belästigung*.
- Bitte um Rat.
- Erkläre dein Problem.
- Beschreibe, wo du zurzeit eingesetzt bist und welche deine Aufgaben sind.

Überleg dir eine passende Reihenfolge für die Inhaltspunkte.
Bei der Bewertung wird darauf geachtet, wie genau die Inhaltspunkte bearbeitet sind, wie korrekt der Text ist und wie gut die Sätze und Abschnitte sprachlich miteinander verknüpft sind. Vergiss nicht Anrede und Gruß. Schreibe mindestens **100** Wörter.

b für Erwachsene

Sie machen ein Praktikum in einem Hotel in Deutschland. Ihnen macht die Arbeit Spaß, aber im Kontakt mit Gästen wissen Sie manchmal nicht, wie Sie sich verhalten sollen. Sie schreiben an Ihre Praktikumsleiterin, Frau Thälmann.

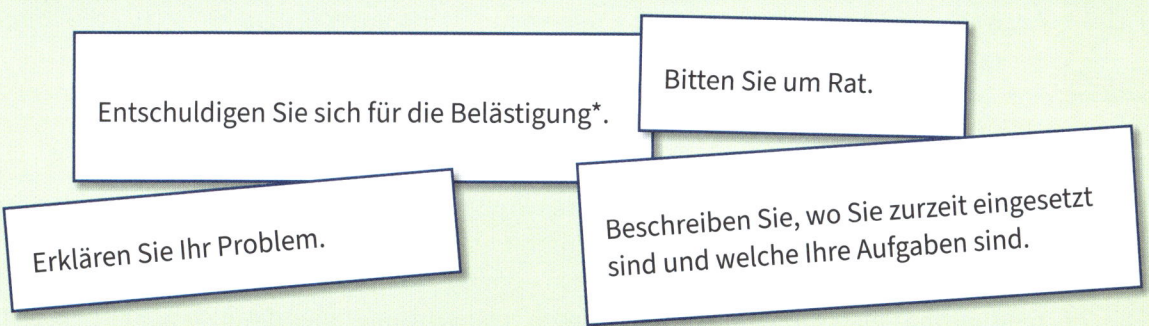

- Entschuldigen Sie sich für die Belästigung*.
- Bitten Sie um Rat.
- Erklären Sie Ihr Problem.
- Beschreiben Sie, wo Sie zurzeit eingesetzt sind und welche Ihre Aufgaben sind.

Überlegen Sie sich eine passende Reihenfolge für die Inhaltspunkte.
Bei der Bewertung wird darauf geachtet, wie genau die Inhaltspunkte bearbeitet sind, wie korrekt der Text ist und wie gut die Sätze und Abschnitte sprachlich miteinander verknüpft sind. Vergessen Sie nicht Anrede und Gruß. Schreiben Sie mindestens **100** Wörter.

*Störung

KAPITEL 19

Schreiben Teil 1
Urlaubsreisen

1 Lesen Sie die Aufgabe 7 auf Seite 103 und notieren Sie Ideen zu den vier Inhaltspunkten ins Heft.

2 a Ein Diskussionsforum. Wer ist für All-inclusive-Urlaub (+)? Wer ist gegen diese Reiseform (–)? Und wer bringt Argumente dafür und dagegen (+/–)? Markieren Sie.

TOUREN REISEN — ENTDECKE DIE WELT

Robert, 17 Jahre — Freitag um 09:18 Uhr

All-inclusive-Reisen sind der absolute Gegensatz zu sanftem Tourismus, der die Natur und die Kultur am Urlaubsort respektiert. Diese Großhotels mit ihren vielen Swimmingpools zerstören doch nur die Natur. Außerdem lassen die All-inclusive-Touristen ihr ganzes Geld im Hotel und die kleinen Pensionen, Lokale und Geschäfte verdienen so gut wie nichts.

Marie, 40 Jahre — Freitag um 12:07 Uhr

Na ja, wir haben auch schon mal all-inclusive gebucht, als die Kinder noch klein waren. Das war praktisch, weil wir alle Mahlzeiten im Hotel einnehmen konnten und uns die Suche nach Restaurants erspart blieb. Und die Büfetts hatten auch immer eine große Auswahl. Jetzt aber ziehen wir Individualreisen vor, um unser Programm so zu gestalten, wie es uns gefällt, und auf eigene Faust das Land zu entdecken.

Lydia, 28 Jahre — Freitag um 13:39 Uhr

All-inclusive? Na, einerseits hat man keinen großen Organisationsaufwand und muss sich um nichts kümmern. Andererseits kommt man aber eigentlich weder mit der Kultur des Landes noch mit den Einheimischen in Kontakt. Auch von der Umgebung sieht man meistens fast nichts. Die Hotels organisieren zwar Ausflüge, aber die kosten meist extra. Insgesamt ist ein solcher Urlaub zwar bequem, aber spannend und aufregend ist er sicher nicht.

Thomas, 32 Jahre — Freitag um 17:53 Uhr

Meiner Meinung nach ist das die einzige Reiseform für Familien. Die Hotels bieten nämlich die verschiedensten Aktivitäten für Kinder. So sind die Kinder beschäftigt und auch Mama und Papa können einen entspannenden Urlaub genießen. Außerdem ist ein All-inclusive-Urlaub die beste Möglichkeit, die Reisekosten unter Kontrolle zu halten, denn den Pauschalpreis zahlt man vor der Abreise und am Urlaubsort braucht man dann kaum noch Geld für zusätzliche Ausgaben.

Schreiben Teil 1
Urlaubsreisen

KAPITEL 19

b Ergänzen Sie die synonymen Ausdrücke aus dem Diskussionsforum. Es passen nicht alle unterstrichenen Ausdrücke.

1 fast nichts: _____
2 essen: _____
3 nicht zu machen brauchen: *jemandem* _____
4 allein, ohne Reiseveranstalter: _____
5 kennenlernen: _____
6 kontrollieren: _____

c Lösen Sie das Kreuzworträtsel. Die Wörter finden Sie im Diskussionsforum. Es passen die restlichen unterstrichenen Ausdrücke.

↓
1 die Menschen, die im Urlaubsland leben, nennt man die …
2 Reisen, ohne die Umwelt zu zerstören. Das ist sanfter …
3 lieber machen

→
4 viel organisieren müssen = großer …
5 machen, organisieren

KAPITEL 19

Schreiben Teil 1
Urlaubsreisen

3 a Familie Winkler wohnt in Hamburg. Letzten Samstagnachmittag haben sie Reisepläne für das nächste Jahr gemacht. Es gab viele Vorschläge. Ordnen Sie zu.

> ein Urlaub auf einem Bauernhof in Norddeutschland ◆ eine Kreuzfahrt im Mittelmeer ◆
> mit der Bahn nach München und eine Fahrradtour durch Bayern ◆
> ein Flug in die Schweiz und dort ein Wanderurlaub ◆
> ein Kurzurlaub in Rom mit einer Reisegruppe ◆
> ein Wohnmobil mieten und eine Tour durch Südfrankreich

1

2

3

4

5

6

b Wählen Sie 1 oder 2 und schreiben Sie.

1 Welcher Vorschlag von Familie Winkler gefällt Ihnen am besten und warum?

2 Gefällt Ihnen kein Vorschlag von Familie Winkler? Was für eine Reise würden Sie gern unternehmen und warum?

Schreiben Teil 1
Urlaubsreisen

KAPITEL 19

4 a Familie Winkler diskutiert über die verschiedenen Vorschläge. Jeder hat Argumente für seinen Vorschlag. Welches Argument passt zu welchem Vorschlag? Was meinen Sie? Kreuzen Sie an.

Argumente	Urlaub auf einem Bauernhof in Norddeutschland	Wohnmobil mieten und eine Tour durch Südfrankreich	Bahnfahrt nach München und Fahrradtour durch Bayern	Flug in die Schweiz und dort ein Wanderurlaub	Kurzurlaub in Rom mit einer Reisegruppe	Kreuzfahrt im Mittelmeer
1 Wir lernen Land und Leute kennen.						
2 Wir unterstützen die regionale Wirtschaft.						
3 Wir müssen fast nichts selbst organisieren.						
4 Wir reisen umweltfreundlich.						
5 Wir unterstützen den sanften Tourismus.						
6 Wir machen Urlaub in der Natur.						
7 Wir sind sportlich aktiv.						
8 Wir gestalten unseren Urlaub individuell.						

b Diskutieren Sie Ihre Ergebnisse.

c Selbstverständlich gibt es für jeden Vorschlag auch Gegenargumente. Was meinen Sie? Wählen Sie zwei Vorschläge aus und notieren Sie für jeden Vorschlag mindestens ein Gegenargument.

Vorschlag: _____

Gegenargument(e): _____

_____

Vorschlag: _____

Gegenargument(e): _____

_____

d Diskutieren Sie Ihre Ergebnisse und machen Sie Notizen zu weiteren Gegenargumenten ins Heft.

KAPITEL 19

Schreiben Teil 1
Urlaubsreisen

> **Vor- und Nachteile abwägen**
>
> Man muss **einerseits / auf der einen Seite / zum einen** fast nichts selbst organisieren, **andererseits / auf der anderen Seite / zum anderen** reist man nicht umweltfreundlich.

5 Daniel schreibt einen Reiseblog. Ihm ist wichtig, dass die Leute nicht einfach schnell eine Reise buchen, sondern sich genau überlegen, wie und wohin sie reisen wollen. Ergänzen Sie Daniels Blog und verwenden Sie dabei Ausdrücke aus dem gelben Kasten.

Daniels Blog
Erst denken, dann reisen

Du lehnst All-inclusive-Reisen ab? Okay. Aber auch andere Reiseformen haben nicht nur Vor-, sondern auch Nachteile. Hier sind ein paar Beispiele dafür mit ihren Vor- und Nachteilen:

▶ Du könntest eine Kreuzfahrt im Mittelmeer machen. Einerseits musst du dann fast nichts selbst organisieren, andererseits reist du aber nicht umweltfreundlich.

▶ _____
_____
_____
_____

▶ _____
_____
_____
_____

Egal, wofür du dich entscheidest, denk immer daran: Reisen muss gut sein, für dich, für die Menschen an deinem Urlaubsort, für die Umwelt!

6 Lesen Sie noch einmal die Aufgabe 7. Sammeln Sie dann aus den Aufgaben 1–5 die Ausdrücke und Ideen, die Sie für Ihren Forumsbeitrag benutzen möchten, und machen Sie einen Schreibplan.

▶ *mehr Übungen zum Wortschatz* **treffend! B2** (6.1, 6.2, 6.3, 7.3)

Schreiben Teil 1
Urlaubsreisen

KAPITEL 19

7 Sie schreiben einen Beitrag in einem Forum zum Thema „Urlaubsreisen".

- Äußern Sie Ihre Meinung zu All-inclusive-Reisen.
- Nennen Sie Gründe, warum immer mehr Leute eine solche Reise buchen.
- Nennen Sie andere Möglichkeiten, wie man in den Ferien verreisen kann.
- Nennen Sie Vorteile und Nachteile der anderen Möglichkeiten.

Denken Sie an eine Einleitung und einen Schluss. Bei der Bewertung wird darauf geachtet, wie genau die Inhaltspunkte bearbeitet sind, wie korrekt der Text ist und wie gut die Sätze und Abschnitte sprachlich miteinander verknüpft sind. Schreiben Sie mindestens **150** Wörter.

103

KAPITEL 20

Schreiben Teil 1
Konsumverhalten – Kleidung

1 Lesen Sie die Aufgabe 7 auf Seite 109 und notieren Sie Ideen zu den vier Inhaltspunkten ins Heft.

2 Lösen Sie das Kreuzworträtsel.

unüberlegt ◆ Ressourcen ◆ kreieren ◆ verschwenden ◆ verlockend ◆ Wahnsinn ◆ Schnäppchen

↓
1 unnötig viel von etwas verbrauchen (z.B. Energie, Geld, Zeit)

3 Das ist ein sehr billiges Angebot, aber das gibt es nur für eine kurze Zeit. Das ist ein …

7 Das ist total verrückt! = Das ist der absolute …!

→
2 ohne nachzudenken

4 so schön, billig etc., dass man nur schwer Nein sagen kann

5 Wasser, Holz, Windenergie etc. sind natürliche …

6 seinen eigenen Stil erfinden = seinen eigenen Stil …

Schreiben Teil 1
Konsumverhalten – Kleidung

KAPITEL 20

3 a Kleiderkonsum. Bei einer Umfrage sollten Leute mit einem Punkt markieren, welche Aussagen auch für sie persönlich gelten. Was glauben Sie? Welche drei Aussagen haben die meisten Punkte bekommen? Kreuzen Sie an.

„Ich kaufe meine meisten Sachen vor den Sommer- oder den Winterferien." ○

„Meine Freundin sagt, ich bin kaufsüchtig, aber ich trage einfach gern neue Kleidung und gehe gern mit der Mode." ○

„Ein modisches Outfit ist mir sehr wichtig. Ich ziehe nur an, was trendy ist." ○

„Mein Mann nennt das Shoppingtherapie, aber mir macht es Spaß, neue Kleidung zu kaufen." ○

„Eigentlich kaufe ich neue Kleidung nur, wenn es einen besonderen Grund, einen besonderen Anlass gibt. Für die Präsentation meiner Diplomarbeit habe ich mir einen Anzug gekauft. Aber sonst? Ich finde Einkaufen langweilig." ○

„Wenn ich im Internet verlockende Schnäppchen sehe, kann ich einfach nicht Nein sagen." ○

„Ich bin ein Fan von Fast-Fashion. Ich kaufe billige Kleidung, damit ich jeden Tag etwas anderes anziehen kann. Meist trage ich diese Sachen nur ein- oder zweimal." ○

„Online-Shopping ist so wunderbar einfach. Da kaufe ich manchmal mehr, als ich hinterher wirklich anziehe." ○

„Wenn ich mir etwas Neues zum Anziehen kaufe, bessert das meine Laune." ○

„Ich wachse noch. Da brauche ich jeden Sommer und Winter neue Kleidung, weil mir die alten Sachen zu klein sind." ○

b Wann oder warum kaufen Sie neue Kleidung? Schreiben Sie.

Ich kaufe neue Kleidung, …

1 _____
2 _____
3 _____

KAPITEL 20

Schreiben Teil 1
Konsumverhalten – Kleidung

4 a Neue Kleidung? Nein, danke! Lesen Sie die Texte und ordnen Sie die Überschriften zu.

Upcycling ◆ Leihen ◆ Tauschparty ◆ Verschenken ◆ Second-Hand-Mode ◆ Reparieren

1 _____

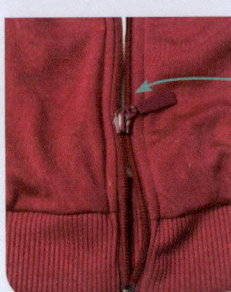

Deine Jacke muss nicht in den Müll, nur weil der Reißverschluss kaputt ist. Im Internet gibt es ganz viele Sites mit Tipps und Anleitungen, was du in so einem Fall machen kannst. Mit dem Geld, das du nicht für einen unüberlegten Kleiderkauf ausgegeben hast, kannst du dir etwas anderes leisten!

NEUE KLEIDUNG? NEIN, DANKE!

2 _____
Du hast nichts Neues für die Party? Nichts besonders Schickes für die Hochzeit? Kein Problem! Du fragst Freunde und Verwandte. Die haben sicher etwas. Danach gibst du es ihnen (natürlich gewaschen!) wieder zurück. So gibst du kein Geld aus für Kleidung, die du wahrscheinlich nur einmal anziehst. Das wäre ja auch Verschwendung von Geld und natürlichen Ressourcen!

3 _____

Aus alten Dingen machst du etwas Neues und Brauchbares, z.B. aus einer alten Jeans eine Tasche oder aus einem Kleid eine Bluse und einen Rock. Diese Kleidung hat dann niemand anders und so kannst du deinen ganz persönlichen Stil kreieren!

4 _____

Die Kirche und viele Hilfsorganisationen organisieren Kleidersammlungen. Mach mit! So hilfst du anderen und tust etwas Gutes für die Umwelt.

5 _____

Wenn du diese Kleidung kaufst, brauchst du nicht viel Geld, denn diese Kleidung kostet nur sehr wenig. Außerdem gibt es in den Läden meistens eine große Auswahl. Und der Nutzen für die Umwelt? Die Kleidung wird länger getragen und so werden natürliche Ressourcen gespart.

6 _____

Du lädst viele Freunde zu dir ein. Jeder bringt fünf Kleidungsstücke mit, die ihm nicht mehr passen oder gefallen. Alle tauschen, aber jeder darf höchstens fünf „neue" Kleidungsstücke mit nach Hause nehmen. Auf diese Weise habt ihr immer etwas Neues und trotzdem genug Platz im Kleiderschrank. Viel Spaß!

Schreiben Teil 1
Konsumverhalten – Kleidung

KAPITEL 20

Alternativen / andere Möglichkeiten nennen II

Anstatt dauernd neue Kleidung **zu** kaufen, sollte man lieber … / wäre es besser …
Es ist unnötig, dauernd neue Kleidung zu kaufen. **Stattdessen** könnte man …

Folgen nennen I

Viele Leute kaufen ständig neue Kleidung. **Auf diese Weise / So** verschwenden sie ihr Geld und schaden zudem der Umwelt.

---

b Lesen Sie noch einmal die Texte in 4a. Ergänzen Sie dann, was man anders machen könnte oder sollte und welche positiven Folgen das hat. Schreiben Sie wie im Beispiel und verwenden Sie Ausdrücke aus den gelben Kästen.

1 Wirf deine Jeans nicht weg, nur weil der Reißverschluss kaputt ist. *Stattdessen könntest du sie reparieren. Auf diese Weise kannst du mit dem Geld, das du nicht für neue Kleidung ausgegeben hast, etwas anderes kaufen.*

2 Anstatt etwas Neues für eine Party zu kaufen, _____

3 Du solltest Kleidung, die du nicht mehr trägst, nicht wegwerfen. _____

4 Anstatt viel Geld für neue Kleidung auszugeben, _____

KAPITEL 20

Schreiben Teil 1
Konsumverhalten – Kleidung

5 Lesen Sie die drei Kurznachrichten. Was meinen Sie dazu? Wählen Sie eine Kurznachricht und schreiben Sie einen kurzen Kommentar dazu.

a  **Mehr als eine Million Tonnen Kleidung landen in Deutschland jährlich im Müll.**

b  **Unsere „Wegwerfgesellschaft" zerstört die Umwelt. Wenn wir den Klimawandel stoppen wollen, ist die einzige Lösung die „Recycling- und Repariergesellschaft".**

c  **Um ein T-Shirt herzustellen, braucht man so viel Wasser, wie für 70-mal duschen.**

Mein Kommentar zu _____:

_____
_____
_____
_____

6 Lesen Sie noch einmal die Aufgabe 7. Sammeln Sie dann aus den Aufgaben 1–5 die Ausdrücke und Ideen, die Sie für Ihren Forumsbeitrag benutzen möchten, und machen Sie einen Schreibplan.

▶ mehr Übungen zum Wortschatz **treffend! B2 (9.4, 9.7)**

Schreiben Teil 1
Konsumverhalten – Kleidung

KAPITEL 20

7 Sie schreiben einen Forumsbeitrag zum Thema „Konsumverhalten".

– Was halten Sie davon, dass so viel Kleidung im Müll landet?

– Nennen Sie Gründe, warum viele Leute ständig neue Kleidung kaufen.

– Machen Sie Vorschläge, was man stattdessen machen könnte.

– Nennen Sie Vorteile dieser anderen Möglichkeiten.

Denken Sie an eine Einleitung und einen Schluss. Bei der Bewertung wird darauf geachtet, wie genau die Inhaltspunkte bearbeitet sind, wie korrekt der Text ist und wie gut die Sätze und Abschnitte sprachlich miteinander verknüpft sind. Schreiben Sie mindestens **150** Wörter.

KAPITEL 21

Schreiben Teil 2
Urlaub während des Praktikums

1 a Lesen Sie die Aufgabe 6 auf Seite 113 und wählen Sie Ihr Thema.

b Lesen Sie Ihr Thema. In welcher Situation befinden Sie sich? Notieren Sie.

Meine Situation:

– Was mache ich? _____

– Warum schreibe ich? _____

– An wen schreibe ich? _____

– Was schreibe ich? Eine Nachricht oder eine E-Mail? _____

c Lesen Sie die Inhaltspunkte. Was sollen Sie machen? Kreuzen Sie an.

- ○ etwas erklären
- ○ um Verständnis bitten
- ○ etwas bedauern
- ○ etwas loben
- ○ etwas vorschlagen
- ○ Verständnis zeigen

2 a Sonja macht ein Praktikum bei einer deutschen Firma. Sie telefoniert mit Doris Berger, einer Angestellten der Firma. Lesen Sie den Dialog und schreiben Sie, was Sonjas Anliegen ist.

Sonjas Anliegen: _____

_____

_____

Sonja: Hallo Doris, ich bin's, Sonja. Ich muss dich wieder einmal um deine Hilfe bitten.

Doris Berger: Gern. Worum geht's denn?

Schreiben Teil 2
Urlaub während des Praktikums

KAPITEL 21

Sonja:	Ich brauche nächste Woche unbedingt zwei Tage Urlaub.
Doris Berger:	Gerade jetzt? Das ist wirklich ein ganz ungünstiger Zeitpunkt. Du weißt doch, wegen der Grippe-Epidemie sind doch jetzt so viele krank. Ich weiß ohnehin nicht, wie wir die ganze Arbeit schaffen sollen. Aber warum brauchst du denn zwei Tage frei?
Sonja:	Mein Vater heiratet wieder und da muss ich natürlich zur Hochzeit fahren.
Doris Berger:	Ach, ich wusste gar nicht, dass deine Eltern geschieden sind. Aber warum brauchst du denn zwei Tage? Wohnt dein Vater nicht hier?
Sonja:	Nein, er wohnt jetzt in der Schweiz.
Doris Berger:	Aha. Na, ich verstehe natürlich, dass du bei der Hochzeit dabei sein willst. Du hast sicher eine gute Beziehung zu deinem Vater.
Sonja:	Ja, ich mag ihn sehr, und seine neue Frau auch.
Doris Berger:	Das ist schön. … Selbstverständlich musst du deiner Praktikumsleiterin, Frau Meinke, eine E-Mail schreiben. Du musst ihr alles genau erklären und unbedingt auch schreiben, warum das für dich so wichtig ist. Es wäre auch gut, wenn du ihr einen Ausgleich vorschlagen würdest. Das zeigt, dass du verantwortungsbewusst bist.
Sonja:	Einen Ausgleich?
Doris Berger:	Ja, du willst zwei Tage fehlen. Da musst du diese Arbeitsstunden doch irgendwie abarbeiten. Du könntest ihr beispielsweise vorschlagen, dass du täglich zwei Überstunden machst, also länger bleibst, bis du die Fehlstunden abgearbeitet hast.
Sonja:	Oder dass ich vielleicht am Wochenende arbeiten könnte?
Doris Berger:	Ja, das ist auch eine gute Idee.
Sonja:	Vielen, vielen Dank, Doris.
Doris Berger:	Ja, bis morgen dann.

b Was könnte Sonja als Ausgleich für ihren zweitägigen Urlaub vorschlagen? Unterstreichen Sie in 2a.

Schreiben Teil 2
Urlaub während des Praktikums

KAPITEL 21

3 Sie machen ein Praktikum und benötigen zwei Tage Urlaub. Wählen Sie eine der folgenden Situationen und erläutern Sie Ihr Anliegen Ihrer Praktikumsleiterin, Frau Kessen. Schreiben Sie mindestens 40 Wörter.

a Großmutter nach langer Krankheit gestorben sein – zur Beerdigung nach Frankfurt fahren müssen – Mutter bei Verkehrsunfall mit ihrem Auto Bein gebrochen haben – jetzt einen Gehgips haben – Mutter begleiten müssen

b sich an der Universität in Bochum einschreiben müssen – ab dem Wintersemester Wirtschaft studieren – an vielen Unis nicht üblich sein, aber in Bochum persönliches Erscheinen erforderlich sein – selbst nach Bochum fahren müssen

c Diabetiker/in sein – für Untersuchungen zwei Tage ins Krankenhaus müssen – obwohl es sich um Routineuntersuchungen handelt, nicht verschieben können – Arzt darauf bestehen, dass die Untersuchungen jetzt gemacht werden

Liebe Frau Kessen,

ich möchte Sie um zwei Tage Urlaub bitten.

_____

_____

_____

_____

4 Warum gibt es in der Firma zurzeit viel zu tun? Ordnen Sie zu.

1 ◯ Die Kinder-Weihnachtsaktion hat begonnen.
2 ◯ Im Zentrum soll bald ein zweites Geschäft der Firma eröffnet werden.
3 ◯ Es sind sehr viele neue Bestellungen hereingekommen.
4 ◯ Seit Kurzem importiert die Firma auch traditionelle griechische Produkte aus Kreta.

a Es muss ein neues Verkaufsnetz für diese Produkte aufgebaut werden.
b Die Kunden wollen natürlich ihre bestellten Waren so schnell wie möglich bekommen.
c Es kommen mehr Kunden als sonst.
d Es sind viele Vorbereitungen zu treffen.

5 a Lesen Sie noch einmal die Aufgabe 6. Überlegen Sie sich eine passende Reihenfolge für die Inhaltspunkte und nummerieren Sie diese von 1 bis 4.

b Sammeln Sie dann aus den Aufgaben 2–4 die Ideen und Ausdrücke, die Sie benutzen möchten, und machen Sie einen Schreibplan. Ergänzen Sie ihn mit weiteren Ausdrücken und eigenen Ideen.

Schreiben Teil 2
Urlaub während des Praktikums

KAPITEL 21

6 Wählen Sie Ihr Thema: a oder b?

a für Jugendliche

Du machst ein Praktikum bei einer deutschen Firma. Zurzeit ist bei der Firma sehr viel zu tun, aber du benötigst unbedingt zwei Tage Urlaub. Schreibe eine E-Mail an deinen Praktikumsleiter, Herrn Schöffel.

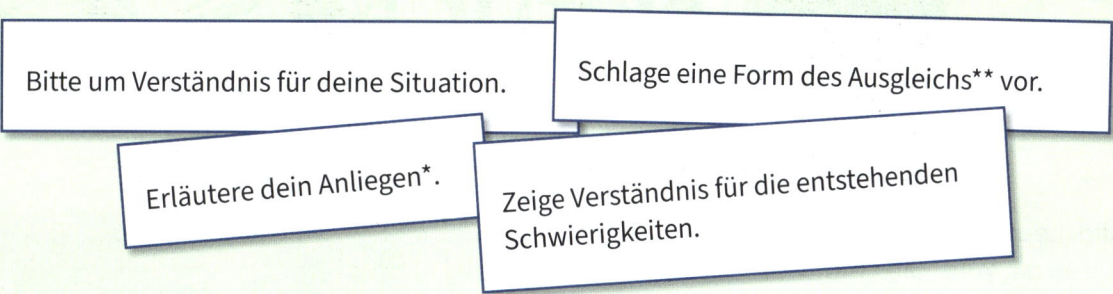

- Bitte um Verständnis für deine Situation.
- Schlage eine Form des Ausgleichs** vor.
- Erläutere dein Anliegen*.
- Zeige Verständnis für die entstehenden Schwierigkeiten.

Überleg dir eine passende Reihenfolge für die Inhaltspunkte.
Bei der Bewertung wird darauf geachtet, wie genau die Inhaltspunkte bearbeitet sind, wie korrekt der Text ist und wie gut die Sätze und Abschnitte sprachlich miteinander verknüpft sind. Vergiss nicht Anrede und Gruß. Schreibe mindestens **100** Wörter.

b für Erwachsene

Sie machen ein Praktikum bei einer deutschen Firma. Zurzeit ist bei der Firma sehr viel zu tun, aber Sie benötigen unbedingt zwei Tage Urlaub. Schreiben Sie eine E-Mail an Ihren Praktikumsleiter, Herrn Schöffel.

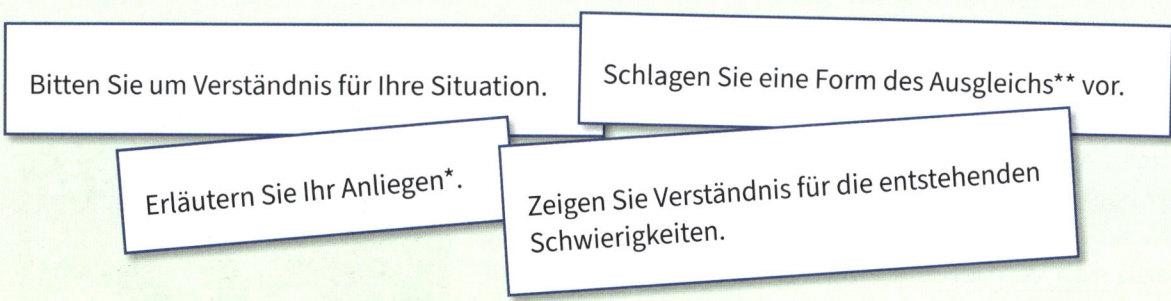

- Bitten Sie um Verständnis für Ihre Situation.
- Schlagen Sie eine Form des Ausgleichs** vor.
- Erläutern Sie Ihr Anliegen*.
- Zeigen Sie Verständnis für die entstehenden Schwierigkeiten.

Überlegen Sie sich eine passende Reihenfolge für die Inhaltspunkte.
Bei der Bewertung wird darauf geachtet, wie genau die Inhaltspunkte bearbeitet sind, wie korrekt der Text ist und wie gut die Sätze und Abschnitte sprachlich miteinander verknüpft sind. Vergessen Sie nicht Anrede und Gruß. Schreiben Sie mindestens **100** Wörter.

* Erkläre, was du möchtest. / Erklären Sie, was Sie möchten.
** Biete etwas anderes an. / Bieten Sie etwas anderes an.

KAPITEL 22

Schreiben Teil 1
Zoos – bedrohte Tierarten

1 a Lesen Sie den Blog. Finden Sie diesen Blogbeitrag interessant? Schreiben Sie einen kurzen Kommentar.

Hallo, Leute! Die Prüfungszeit ist vorbei und ich bin wieder da. Alle, die mich kennen, wissen, dass ich Biologie studiere und mich für den Umweltschutz engagiere. Ich schreibe nicht nur diesen Blog, sondern arbeite auch freiwillig für eine kleine Umweltschutzinitiative, die dazu beitragen will, bedrohte Tierarten zu retten. Sie heißt TIEREundVIELFALT und verfügt zwar über wenig Geld, aber über viele begeisterte Freiwillige. Unser wichtigstes Ziel ist es, die Artenvielfalt zu erhalten und deshalb wollen wir dabei helfen, Tierarten vor dem Aussterben zu bewahren, damit es diese Tiere auch in Zukunft geben wird. Wenn wir dabei Erfolg haben wollen, müssen wir den Lebensraum dieser Tierarten, ihre Biotope, schützen. Denn sonst finden sie nichts zu essen und verhungern. Und sie können sich auch nicht vermehren.

Der Große Brachvogel: Er lebt auf Wiesen und sein Lebensraum wird durch die intensive Landwirtschaft zerstört.

Ein Beispiel dafür ist der Große Brachvogel. Er ist bedroht, denn er lebt in Wiesen und baut dort sein Nest. Aber durch die intensive Landwirtschaft findet er keine Wiesen mehr, in denen er in Sicherheit sein Nest bauen, seine Eier legen und seine Jungen füttern, also sich vermehren, kann. Deshalb gibt es immer weniger Große Brachvögel. Aber das ist nicht alles: Es gibt immer noch Menschen, die den Großen Brachvogel jagen! Gestern habe ich wieder eine solche Meldung im Internet gelesen. Ist das nicht furchtbar?

Wir müssen den Großen Brachvogel retten! Helft alle mit! Meldet euch bei www.tiereundvielfalt.de

Euer Stefan

Das Nest eines Großen Brachvogels mit vier Eiern

Ihr Kommentar: _____

Schreiben Teil 1
Zoos – bedrohte Tierarten

KAPITEL 22

b Was passt? Finden Sie die Wörter, die im Blogbeitrag unterstrichen sind, und ordnen Sie zu.

1. (e) bedroht
2. ( ) die Artenvielfalt
3. ( ) erhalten
4. ( ) vor etwas bewahren
5. ( ) das Aussterben
6. ( ) der Lebensraum
7. ( ) verhungern
8. ( ) sich vermehren

a dafür sorgen, dass es etwas auch in Zukunft geben wird
b wenn alle Tiere oder Pflanzen einer Art sterben
c sterben, weil man nichts zu essen hat
d Menschen bekommen Kinder, Tiere bekommen Junge
e in Gefahr
f vor einer Gefahr schützen
g wenn es viele Tier- und Pflanzenarten gibt
h der Raum, den Tier- oder Pflanzenarten brauchen, um leben zu können

c Wie kann man das auch sagen? Lesen Sie den Blogbeitrag noch einmal und ergänzen Sie.

1. Ich kämpfe für den Umweltschutz.
   _____

2. Ich will dabei helfen, bedrohte Tierarten zu retten.
   _____

3. Wir haben wenig Geld.
   _____

d Lesen Sie noch einmal den Blogbeitrag und ordnen Sie das richtige Verb zu.

1. bedrohte Tierarten
2. die Artenvielfalt
3. Tierarten vor dem Aussterben

a bewahren
b retten
c erhalten

2 Lesen Sie die Aufgabe 6 auf Seite 118 und notieren Sie Ideen zu den vier Inhaltspunkten ins Heft.

KAPITEL 22

Schreiben Teil 1
Zoos – bedrohte Tierarten

3 Was glauben Sie, welche dieser Tierarten sind bedroht? Kreuzen Sie an. Lesen Sie dann die Lösung auf Seite 118.

a ○ Das Goldene Löwenäffchen
b ○ Der Rosaflamingo
c ○ Der Amerikanische Bison

d ○ Das Nordopossum
e ○ Die Siamkatze
f ○ Die Gelbbauchunke

4 a Bedrohten Tieren helfen. Was passt zusammen? Ordnen Sie zu. Achten Sie dabei sowohl auf den Inhalt als auch auf die Konjunktionen. Es kann mehr als eine Möglichkeit geben.

1 ○ Man sollte mehr Nationalparks gründen,

2 ○ In Zoos lernen die Besucher und vor allem auch die Kinder viel über bedrohte Tiere

3 ○ Es müssen alle bestraft werden, die den Lebensraum bedrohter Tierarten zerstören,

4 ○ Man braucht höhere Strafen für alle, die bedrohte Tiere jagen,

5 ○ Die Öffentlichkeit muss besser informiert werden,

6 ○ Zoos verfügen nicht über genug Geld und Platz,

7 ○ Extrem bedrohte Tierarten können nur in Zoos gerettet werden,

a denn Zoos sind zwar ein Gefängnis, aber nur dort wird so viel Geld und Wissen in jedes einzelne Tier investiert.

b da die Tiere ohne ihren Lebensraum verhungern.

c damit die Leute aufhören, Produkte bedrohter Tiere zu kaufen. Beispielsweise gilt in Asien das Horn vom Nashorn als traditionelles Wundermittel.

d um sich effektiv um alle bedrohten Tierarten zu kümmern.

e und dadurch tragen Zoos dazu bei, dass sich mehr Menschen für die Erhaltung der Artenvielfalt engagieren.

f weil Tiere nirgendwo so gut leben wie in Freiheit.

g sodass weniger Tiere getötet werden.

Schreiben Teil 1
Zoos – bedrohte Tierarten

KAPITEL 22

> **Meinung äußern II**
>
> **Ich stehe auf dem Standpunkt, dass** Nationalparks ihren Status nicht verlieren dürfen, denn wirtschaftliche Interessen sollten nicht entscheidend sein.
>
> **Aus meiner Sicht / Meines Erachtens** dürfen Nationalparks ihren Status nicht verlieren, denn wirtschaftliche Interessen sollten nicht entscheidend sein.

b Gibt es Argumente in 4a, die Sie überzeugen? Oder haben Sie eigene, bessere Argumente? Schreiben Sie mindestens zwei Argumente und benutzen Sie die Ausdrücke aus dem gelben Kasten.

_____
_____
_____
_____
_____
_____

5 Lesen Sie noch einmal die Aufgabe 6. Sammeln Sie dann aus den Aufgaben 1–4 die Ideen und Ausdrücke, die Sie für Ihren Forumsbeitrag benutzen möchten, und machen Sie einen Schreibplan.

▸ *mehr Übungen zum Wortschatz* **treffend! B2** (7.2, 7.3, 7.5)

Schreiben Teil 1
Zoos – bedrohte Tierarten

6 Sie schreiben einen Forumsbeitrag zur Rettung bedrohter Tierarten.

- Tragen Zoos Ihrer Meinung nach zur Erhaltung der Artenvielfalt bei? Äußern Sie Ihre Meinung.
- Begründen Sie, warum Ihrer Meinung nach Zoos (nicht) dazu beitragen, bedrohte Tierarten vor dem Aussterben zu bewahren.
- Nennen Sie andere Möglichkeiten, bedrohte Tierarten zu retten.
- Nennen Sie Vorteile der anderen Möglichkeiten.

Denken Sie an eine Einleitung und einen Schluss. Bei der Bewertung wird darauf geachtet, wie genau die Inhaltspunkte bearbeitet sind, wie korrekt der Text ist und wie gut die Sätze und Abschnitte sprachlich miteinander verknüpft sind. Schreiben Sie mindestens **150** Wörter.

Lösung für 3:

a Das Goldene Löwenäffchen konnte nur deshalb vor dem Aussterben gerettet werden, weil es in Zoos durch spezielle Artenschutzprogramme vermehrt wurde.

c Der Amerikanische Bison wurde bislang geschützt. Aber jetzt sollen wirtschaftliche Interessen entscheidend sein. Viele Gebiete, in denen der Amerikanische Bison lebt, haben ihren Status als Nationalpark verloren und können nun wirtschaftlich genutzt werden.

f Die Gelbbauchunke ist extrem bedroht, aber fast kein Zoo kümmert sich um sie, weil sie nicht so exotisch und nicht so attraktiv ist wie beispielsweise der Sumatra-Orang-Utang, den sich viele Besucher ansehen wollen.

Schreiben Teil 1
Mit Konflikten umgehen

KAPITEL 23

1 Lesen Sie die Aufgabe 6 auf Seite 122 und notieren Sie Ideen zu den vier Inhaltspunkten ins Heft.

2 a Finden Sie die Ausdrücke 1–10 in 2b und ordnen Sie die Erklärungen a–j zu.

1	der Ausweg	a	es schaffen, dass ein Problem gelöst wird
2	die Konfliktfähigkeit	b	jemandem sagen, dass er etwas falsch macht
3	etwas bewältigen	c	nicht mehr sicher sein, dass das, was man denkt oder fühlt, Sinn macht
4	etwas zugeben	d	es schaffen, dass etwas gemacht wird, obwohl der andere / die anderen dagegen ist/sind
5	sich missverstanden fühlen	e	so erreicht man nicht das, was man will, sondern genau das Gegenteil
6	verunsichert sein	f	die Fähigkeit, sich fair zu streiten
7	jemanden demütigen	g	die Lösung
8	etwas durchsetzen	h	sagen, dass man etwas (z.B. einen Fehler) gemacht hat
9	kontraproduktiv sein	i	jemanden durch Worte verletzen
10	jemandem einen Vorwurf machen	j	fühlen, dass man nicht verstanden wird

b Welche Überschrift passt zu welchem Text? Ordnen Sie zu.

1 Anschreien ist häufig mein letzter Ausweg   ○
2 Wenn man sich anschreit, tut man das aus verschiedensten Gründen   ○
3 Was ist eigentlich das Problem?   ○
4 Konfliktfähigkeit ist wichtig für jede Beziehung   ○
5 Auseinandersetzungen sind eine Chance   ○

a Selbstverständlich kann man sich mit dem anderen auseinandersetzen, ohne sich anzuschreien. Nämlich indem man alles in Ruhe bespricht und gemeinsam die Probleme bewältigt. Das ist die einzige Lösung. Und eine gute Möglichkeit, sich und den anderen besser zu verstehen. Dadurch kann die Beziehung enger und fester werden. Denn in jeder Beziehung gibt es Probleme und beide müssen lernen, dass eine Auseinandersetzung nicht bedeutet, dass man den anderen nicht mehr liebt. Sich anzuschreien ist also auf jeden Fall kontraproduktiv.

Anna 46

b Ich streite oft mit meiner besten Freundin. Meistens schreien wir uns am Schluss nur noch an, und meistens fange ich mit dem Anschreien an. Hinterher bin ich immer sehr traurig. Manchmal macht mich meine Freundin so wütend, weil sie immer glaubt, dass sie recht hat. Manchmal aber will ich nicht zugeben, dass ich etwas falsch gemacht habe. Dann werde ich aggressiv und schreie sie an. Ich weiß, dass das nicht gut ist.

Melina 16

KAPITEL 23

Schreiben Teil 1
Mit Konflikten umgehen

c Man muss doch eine Lösung finden, mit der beide einverstanden sind. Mit Anschreien geht das nicht. Im Gegenteil. So zerstört man die Beziehung, man macht sie kaputt. Wenn man nicht lernt, fair zu streiten, Krisen gemeinsam zu bewältigen, kann keine Beziehung lange halten.

Sebastian 23

d So, wie ich das sehe, schreit man den anderen an, wenn man sich missverstanden oder ungerecht behandelt fühlt oder verunsichert ist. Oft ist es möglicherweise auch so, dass man keine Argumente mehr hat und deshalb emotional reagiert. Andererseits kann Anschreien natürlich auch ein Mittel sein, den anderen zu demütigen. Vielleicht will man dem anderen auch zeigen, wer der Stärkere ist und so seine Meinung durchsetzen.

Thomas 35

e Meine Schwester und ihr Mann streiten sich dauernd, und natürlich schreien sie sich dabei an. Ich habe oft das Gefühl, dass sie gar nicht wissen, was das wirkliche Problem ist. Der eine macht dem anderen Vorwürfe und dann schreien sie sich an. Aber das macht das Problem, das macht die ganze Situation nur noch schlimmer.

Ben 15

c Lesen Sie noch einmal die Texte. Was sind mögliche Gründe dafür, dass man sich anschreit? Welche möglichen negativen Folgen hat das? Machen Sie Notizen.

mögliche Gründe	mögliche negative Folgen
wütend sein, weil der andere immer glaubt, dass er recht hat	nicht lernen, den anderen besser zu verstehen

Schreiben Teil 1
Mit Konflikten umgehen

KAPITEL 23

Folgen nennen II

Viele Freunde und Paare schreien sich bei Auseinandersetzungen an.
Die/Eine Folge ist, dass das Problem nur noch schlimmer wird.
Die/Eine Konsequenz ist, dass das Problem nur noch schlimmer wird.
Dadurch wird das Problem aber nur noch schlimmer.

Eine andere/weitere Folge/Konsequenz ist, dass …
Hinzu kommt, dass …

---

3 Erklären Sie Ihrer Freundin Maria, warum es nicht gut ist, wenn sie und ihr Freund sich bei Auseinandersetzungen anschreien. Verwenden Sie dabei Ausdrücke aus dem gelben Kasten.

Maria, es ist nicht gut, wenn ihr euch bei Auseinandersetzungen anschreit.

_____
_____
_____
_____

4 a Maria hat einen Blog mit Tipps gefunden, was man machen kann, wenn alle Auseinandersetzungen nur damit enden, dass man sich anschreit. Lesen Sie die Tipps und kreuzen Sie an, welchen Tipp Sie gut finden. Oder ergänzen Sie einen eigenen Tipp.

Du findest es furchtbar, dass jede Auseinandersetzung, jeder Konflikt mit deiner Freundin oder deinem Freund damit endet, dass ihr euch anschreit? Hier ein paar Tipps. Hast du vielleicht auch einen eigenen Tipp? Schreib ihn. Damit kannst du sicher vielen helfen!

◯ **Tipp a:** Schreib einen Brief. Das ist persönlicher als eine E-Mail. Du kannst deine Gefühle kontrollieren und genau überlegen, was du schreiben willst.

◯ **Tipp b:** Sprich mit einem Freund oder einer Freundin über das Problem, damit du siehst, wie ein Dritter über das Problem denkt. Vielleicht hast du ja unrecht oder übertreibst.

◯ **Tipp c:** Reicht die Zeit nie? Schlag deiner Freundin / deinem Freund vor, zusammen einen Ausflug zu machen, damit ihr in Ruhe und ohne Stress über alles sprechen könnt.

◯ **Tipp d:** Geh zu einem Konfliktberater. Von ihm bekommst du professionelle Hilfe.

◯ **Tipp e (Dein Tipp 🙂):** _____
_____
_____

KAPITEL 23

Schreiben Teil 1
Mit Konflikten umgehen

b Diskutieren Sie über die Tipps. Wie finden Sie die Tipps?

5 Lesen Sie noch einmal die Aufgabe 6. Sammeln Sie dann aus den Aufgaben 1–4 die Ausdrücke und Ideen, die Sie für Ihren Forumsbeitrag benutzen möchten, und machen Sie einen Schreibplan.

▶ mehr Übungen zum Wortschatz **treffend! B2** (1.5)

6 Sie schreiben einen Forumsbeitrag zu dem Thema „Richtig mit Konflikten umgehen".

- Was halten Sie davon, wenn sich Freunde oder Paare bei Auseinandersetzungen* anschreien?
- Begründen Sie, warum das oft der Fall ist.
- Welche negativen Folgen kann es haben, wenn man sich bei Auseinandersetzungen immer nur anschreit?
- Schlagen Sie andere Möglichkeiten vor, mit Konflikten umzugehen.

Denken Sie an eine Einleitung und einen Schluss. Bei der Bewertung wird darauf geachtet, wie genau die Inhaltspunkte bearbeitet sind, wie korrekt der Text ist und wie gut die Sätze und Abschnitte sprachlich miteinander verknüpft sind. Schreiben Sie mindestens **150** Wörter.

*Streit

Schreiben Teil 2
Schwierigkeiten am Arbeitsplatz – Tankstelle

KAPITEL 24

1 a Lesen Sie die Aufgabe 7 auf Seite 127 und wählen Sie Ihr Thema.

b Lesen Sie Ihr Thema. In welcher Situation befinden Sie sich? Notieren Sie.

Meine Situation:

– Was mache ich? _____

– Warum schreibe ich? _____

– An wen schreibe ich? _____

– Was schreibe ich? Eine Nachricht oder eine E-Mail? _____

c Lesen Sie die Inhaltspunkte. Was sollen Sie machen? Kreuzen Sie an.

- ○ um etwas bitten
- ○ etwas erklären
- ○ um Verständnis bitten
- ○ etwas beschreiben
- ○ etwas vorschlagen
- ○ mich entschuldigen

2 a Markus arbeitet an einer Tankstelle. Er bedient Kunden im Außenbereich. Lesen Sie, was er sagt. Ist es in Ihrem Heimatland auch so?

> Tankstellen in Deutschland sind hauptsächlich Selbstbedienungstankstellen. Da macht der Kunde eigentlich alles selbst. Nur zahlen muss er an der Kasse. Mittlerweile gibt es aber an einigen Tankstellen auch einen Tankwartservice. An einer solchen Tankstelle arbeite ich.

(Ja) (Nein)

b Was sind Markus' Aufgaben? Lesen Sie auf Seite 124 und ordnen Sie zu.

1

2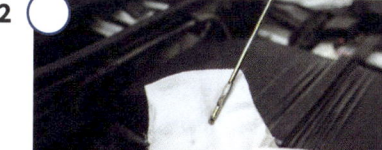

3

4

5

6

123

KAPITEL 24
Schreiben Teil 2
Schwierigkeiten am Arbeitsplatz – Tankstelle

Zu meinen Aufgaben zählen:
a Windschutzscheiben reinigen
b Scheibenwischwasser auffüllen
c Reifenluftdruck prüfen und wenn nötig auffüllen
d Fahrzeuge betanken
e die Waschstraße regeln
f Ölstand kontrollieren und bei Bedarf nachfüllen

c Welche Aufgaben hat Markus noch? Lesen Sie und unterstreichen Sie diese.

Ich berate auch Kunden beim Einkauf von Motoröl oder informiere sie über unsere Waschprogramme und weitere Angebote. Und natürlich muss ich auch für die Sauberkeit im Tankbereich und in der Waschanlage sorgen.

3 a Franziska erzählt von ihrer Arbeit an einer Tankstelle. Lesen Sie den Text und beantworten Sie die Frage. Arbeitet Franziska im Innenbereich der Tankstelle oder wie Markus im Außenbereich?

_____

Ich arbeite zurzeit als Aushilfe im Shop einer Tankstelle, die rund um die Uhr geöffnet ist. In der Regel arbeite ich werktags (Mo-Fr), abwechselnd Frühschicht (6–14 Uhr) und Spätschicht (14–22 Uhr). Natürlich kann es vorkommen, dass ich einen Mitarbeiter am Wochenende oder in der Nachtschicht (22–6 Uhr) vertreten muss. Zu meinen Hauptaufgaben gehört Kassieren und die Kundenbedienung im Shop. Außerdem muss ich Zeitungen und Zeitschriften sortieren, Regale und Kühlgeräte sauber machen, die neuen Waren einräumen, im Bistro bei der Zubereitung von Snacks mithelfen, Getränke aus dem Lager holen und während der Schicht den Laden und die Toiletten sauber halten. Falls ich mal Nachtschicht habe, bin ich zwar allein, aber ich bediene die Leute durch den Nachtschalter. Das finde ich sehr gut.

Schreiben Teil 2
Schwierigkeiten am Arbeitsplatz – Tankstelle

KAPITEL 24

b Lesen Sie den Text noch einmal. Wie steht es im Text? Ergänzen Sie.

1. Ich arbeite jetzt als Tankstellenhelferin im Laden einer Tankstelle.
   Ich arbeite zurzeit als Aushilfe ...

2. Die Tankstelle ist 24 Stunden geöffnet.
   _____

3. Ich arbeite normalerweise von Montag bis Freitag.
   _____

4. Ich arbeite mal vormittags, mal nachmittags und abends.
   _____

5. Es kann natürlich passieren, dass ich auch mal nachts arbeiten muss.
   _____ , _____ habe.

6. Ich muss Zeitungen und Zeitschriften ordnen und die neuen Waren in die Regale und Kühlschränke tun.
   _____
   _____

7. Ich muss auch dafür sorgen, dass der Shop und das WC sauber bleiben.
   _____

4 a Franziska schreibt an ihren Freund Kevin. Was ist ihr Problem? Was fragt sie ihn? Lesen Sie und unterstreichen Sie.

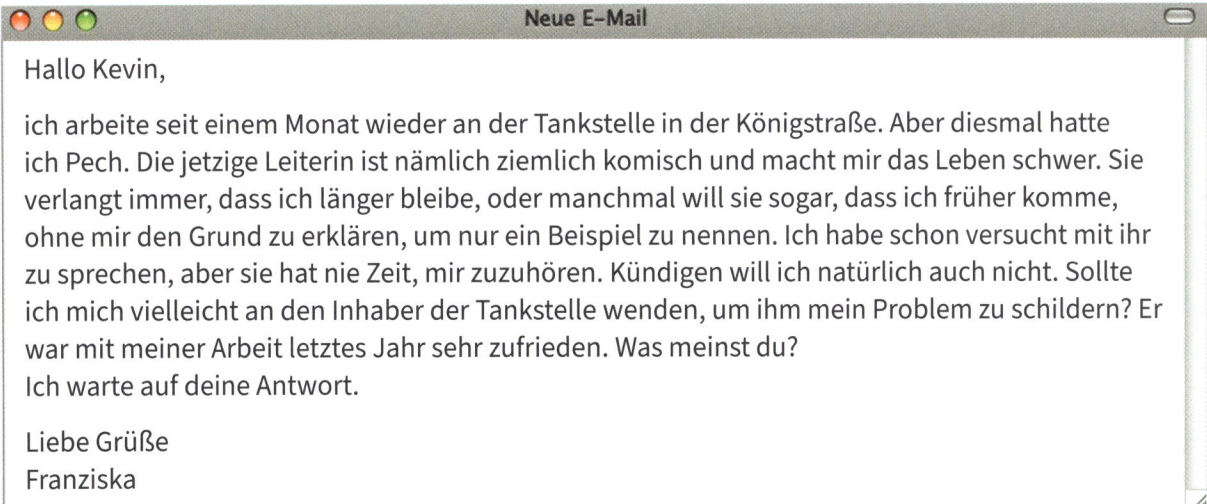

Hallo Kevin,

ich arbeite seit einem Monat wieder an der Tankstelle in der Königstraße. Aber diesmal hatte ich Pech. Die jetzige Leiterin ist nämlich ziemlich komisch und macht mir das Leben schwer. Sie verlangt immer, dass ich länger bleibe, oder manchmal will sie sogar, dass ich früher komme, ohne mir den Grund zu erklären, um nur ein Beispiel zu nennen. Ich habe schon versucht mit ihr zu sprechen, aber sie hat nie Zeit, mir zuzuhören. Kündigen will ich natürlich auch nicht. Sollte ich mich vielleicht an den Inhaber der Tankstelle wenden, um ihm mein Problem zu schildern? Er war mit meiner Arbeit letztes Jahr sehr zufrieden. Was meinst du?
Ich warte auf deine Antwort.

Liebe Grüße
Franziska

KAPITEL 24

Schreiben Teil 2
Schwierigkeiten am Arbeitsplatz – Tankstelle

b Lesen Sie die Antwort von Kevin. Was schlägt er Franziska vor? Machen Sie Notizen.

Notizen: _____

_____

_____

Neue E-Mail

Hallo Franziska,
ich hatte auch mal ein ähnliches Problem, deshalb kann ich dich gut verstehen. Natürlich könntest du dem Inhaber der Tankstelle eine E-Mail schicken und ihm dein Problem beschreiben. An deiner Stelle würde ich ihm auch vorschlagen, wie er dir vielleicht helfen könnte, damit sich die Situation verbessert. Er könnte zum Beispiel deine Leiterin anrufen oder ihr eine E-Mail schicken, um dein Problem zu klären und sie über deine gute Arbeit im vorigen Jahr zu informieren. Oder er könnte vielleicht mal an der Tankstelle vorbeikommen, sodass ihr zu dritt ein Gespräch führt und eine Lösung findet. Eine andere Idee wäre vielleicht von ihm zu verlangen, dass er dich an eine andere seiner Tankstellen versetzt.
Ich wünsche dir viel Glück!
Kevin

---

5 a Auch Mona hat Schwierigkeiten in der Zusammenarbeit mit ihrem Tankstellenleiter. Lesen Sie die verschiedenen Probleme und ergänzen Sie die fehlenden Wörter.

> Entscheidung ◆ Überstunden ◆ eingestellt ◆ Trinkgeld ◆ dauernd ◆ besser ◆
> Kollegen ◆ kritisiert ◆ beschäftigt ◆ Außenbereich

1 Er _____ sie ständig, ohne ihr zu erklären, was er von ihr erwartet oder was

   sie _____ machen sollte.

2 Sie soll _____ die Nachtschicht machen, obwohl sie nur vielleicht mal

   einen _____ vertreten sollte.

3 Ihr Leiter ist selten ansprechbar, da er entweder sehr _____ oder abwesend ist.

   Er hat jedoch immer etwas auszusetzen, wenn sie alleine eine _____ trifft.

4 Obwohl sie für den Innenbereich _____ wurde, soll sie an den meisten

   Tagen im _____ arbeiten.

5 Wenn ihr Leiter sieht, dass sie von Kunden _____ bekommt, will er das Geld für

   sich haben.

6 Er will, dass sie sehr oft _____ macht.

b Lesen Sie noch einmal 5a und kreuzen Sie zwei Probleme an, über die Mona dem Inhaber der Tankstellenkette, also dem Vorgesetzten ihres Leiters, schreiben sollte.

Schreiben Teil 2
Schwierigkeiten am Arbeitsplatz – Tankstelle

KAPITEL 24

6 a Lesen Sie noch einmal die Aufgabe 7. Überlegen Sie sich eine passende Reihenfolge für die Inhaltspunkte und nummerieren Sie diese von 1 bis 4.

b Sammeln Sie dann aus den Aufgaben 1–5 die Ideen und Ausdrücke, die Sie benutzen möchten, und machen Sie einen Schreibplan. Ergänzen Sie ihn mit weiteren Ausdrücken und eigenen Ideen.

7 Wählen Sie Ihr Thema: a oder b?

a für Jugendliche
Du arbeitest zum zweiten Mal im Sommer bei einer deutschen Tankstellenkette, hast aber Schwierigkeiten mit dem jetzigen Leiter der Tankstelle, an der du arbeitest. Schreibe dem Inhaber der Tankstellenkette, Herrn Böhme.

- Mache Lösungsvorschläge.
- Entschuldige dich für die Belästigung.
- Erkläre das Problem.
- Schildere, was deine Aufgaben sind.

Überleg dir eine passende Reihenfolge für die Inhaltspunkte.
Bei der Bewertung wird darauf geachtet, wie genau die Inhaltspunkte bearbeitet sind, wie korrekt der Text ist und wie gut die Sätze und Abschnitte sprachlich miteinander verknüpft sind. Vergiss nicht Anrede und Gruß. Schreibe mindestens **100** Wörter.

b für Erwachsene
Sie arbeiten zum zweiten Mal im Sommer bei einer deutschen Tankstellenkette, haben aber Schwierigkeiten mit dem jetzigen Leiter der Tankstelle, an der Sie arbeiten. Schreiben Sie dem Inhaber der Tankstellenkette, Herrn Böhme.

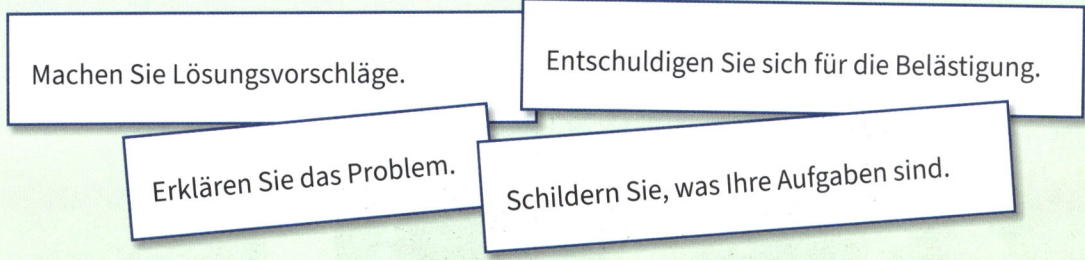

- Machen Sie Lösungsvorschläge.
- Entschuldigen Sie sich für die Belästigung.
- Erklären Sie das Problem.
- Schildern Sie, was Ihre Aufgaben sind.

Überlegen Sie sich eine passende Reihenfolge für die Inhaltspunkte.
Bei der Bewertung wird darauf geachtet, wie genau die Inhaltspunkte bearbeitet sind, wie korrekt der Text ist und wie gut die Sätze und Abschnitte sprachlich miteinander verknüpft sind. Vergessen Sie nicht Anrede und Gruß. Schreiben Sie mindestens **100** Wörter.

KAPITEL 25

Schreiben Teil 1
Energiegewinnung

1 Lesen Sie die Aufgabe 7 auf Seite 131 und notieren Sie Ideen zu den vier Inhaltspunkten ins Heft.

2 Lesen Sie die Definition und kreuzen Sie an, ob Ihrer Meinung nach die Verhaltensweisen zur Nachhaltigkeit beitragen oder nicht. Diskutieren Sie danach Ihre Ergebnisse und lesen Sie auch die Anmerkungen auf Seite 131.

> „Nachhaltige Entwicklung ist eine Entwicklung, die die Lebensqualität der heutigen Generation sichert und gleichzeitig den zukünftigen Generationen die Möglichkeit offen hält, ihr Leben so zu gestalten, wie sie wollen."   (nach: Vereinte Nationen, 1987)

Verhaltensweisen:	Ja	Nein	Vielleicht
a Müll verbrennen, um Energie zu gewinnen			
b nur noch Elektroautos fahren			
c alle Schwimmbäder schließen			

3 a Welcher Titel passt zu welchem Foto? Ordnen Sie zu.

Fossile Energie ♦ Bioenergie ♦ Sonnenenergie ♦ Wasserenergie ♦ Windenergie

1 _____

z.B. aus Bioenergiepflanzen wie Mais oder Raps

2 _____

z.B. durch Windkraftanlagen/ Windräder

3 _____

z.B. durch Wasserkraftanlagen

4 _____

z.B. aus Brennstoffen wie Kohle, Erdöl oder Erdgas

5 _____

z.B. durch Sonnenkollektoren

Schreiben Teil 1
Energiegewinnung

KAPITEL 25

b Welche der Energieformen in 3a gehören zu den erneuerbaren bzw. regenerativen, also den sogenannten alternativen Energien? Schreiben Sie.

_____

4 a Man hat Bürger zum Thema „Energie" befragt. Was meinen Sie, sprechen sie über fossile und/oder über erneuerbare Energiequellen? Kreuzen Sie an.

		fossil		erneuerbar	
1	„Diese hässlichen Windräder stehen überall, sie verschandeln die Landschaft, sie machen sie kaputt."	○	🙂	○	🙂
2	„Diese Art von Energieproduktion ist bis heute mit hohen Kosten verbunden."	○	🙂	○	🙂
3	„Da werden nachwachsende Rohstoffe, also Pflanzen, verwendet. Das ist doch eine gute Lösung."	○	🙂	○	🙂
4	„Im Kohlebergbau, in der Kohleproduktion, arbeiten weltweit sehr, sehr viele Menschen. Sollen die alle arbeitslos werden?"	○	🙂	○	🙂
5	„Für den Anbau von Energiepflanzen wird Regenwald zerstört. Auch ist es nicht richtig, Mais zu nutzen, damit in reichen Ländern die Menschen ihre Häuser heizen, während die Menschen in armen Ländern hungern."	○	🙂	○	🙂
6	„Der Vorteil ist eindeutig der niedrigere Preis, und dass diese Technologien schon sehr lange gut funktionieren."	○	🙂	○	🙂
7	„Die fehlenden Investitionen sind schuld. Darum sind diese Technologien noch nicht ausgereift*."	○	🙂	○	🙂
8	„Diese Energien gibt es überall. Dadurch braucht man keinen langen und teuren Transport und unterstützt auch die regionale Wirtschaft."	○	🙂	○	🙂
9	„An vielen Tagen weht kein Wind und auch die Sonne scheint nicht. Darauf kann man sich nicht verlassen."	○	🙂	○	🙂
10	„Diese Brennstoffe sind eine der Hauptursachen für den Klimawandel. Man muss sie unbedingt und so schnell wie möglich durch andere Energieformen ersetzen."	○	🙂	○	🙂
11	„Diese Technologien zur Energiegewinnung sind seit langem ausgereift und zudem kostengünstig."	○	🙂	○	🙂
12	„Weltweit wird auch heute noch circa 80 % der Energie aus diesen Energieträgern erzeugt. Wenn wir nicht die Erde und unser Leben zerstören wollen, muss sich das schnell ändern."	○	🙂	○	🙂
13	„Diese Energieformen sind viel umweltfreundlicher. Zudem wird es sie immer geben, sie sind unerschöpflich."	○	🙂	○	🙂
14	„Sie setzen weniger Schadstoffe frei, sind also emissionsarm und deshalb auch klimafreundlich."	○	🙂	○	🙂

* voll entwickelt

Schreiben Teil 1
Energiegewinnung

b Lesen Sie noch einmal die Äußerungen in 4a. Wie beurteilen die Bürger die Energiequellen, über die sie sprechen? Positiv 🙂 oder skeptisch/negativ 😟? Ergänzen Sie die Smileys. Die Lösung finden Sie auf Seite 131.

c Synonyme Ausdrücke. Ergänzen Sie die fehlenden Wörter aus den Texten in 4a.

Energie produzieren = _____ = Energie gewinnen

_____ = die Energieerzeugung = _____

---

etwas begründen II

Aufgrund/Wegen der fehlenden Investitionen sind diese Technologien noch nicht ausgereift.
Aufgrund der Tatsache, dass nicht genug in diese Technologien investiert wird, sind sie noch nicht ausgereift.
Diese Technologien sind noch nicht ausgereift. **Das hängt damit zusammen, dass** Investitionen fehlen.

aufgrund/wegen + Genitiv

---

5 Lesen Sie noch einmal die Äußerungen in 4a. Schreiben Sie dann über die Vor- und/oder Nachteile fossiler oder regenerativer Energien. Benutzen Sie die Ausdrücke aus dem gelben Kasten.

_____
_____
_____
_____

6 Lesen Sie noch einmal die Aufgabe 7. Sammeln Sie dann aus den Aufgaben 1–5 die Ausdrücke und Ideen, die Sie für Ihren Forumsbeitrag benutzen möchten, und machen Sie einen Schreibplan.

▶ *mehr Übungen zum Wortschatz* **treffend! B2** (7.3, 7.6)

Schreiben Teil 1
Energiegewinnung

KAPITEL 25

7 Sie schreiben in einem Forum zum Thema „Energieproduktion".

– Äußern Sie Ihre Meinung zur Gewinnung von Energie aus fossilen Brennstoffen.

– Nennen Sie Gründe, warum diese Art der Energieerzeugung auch heute noch so verbreitet ist.

– Nennen Sie alternative Energiequellen.

– Nennen Sie Vorteile und Nachteile alternativer Energiequellen.

Denken Sie an eine Einleitung und einen Schluss. Bei der Bewertung wird darauf geachtet, wie genau die Inhaltspunkte bearbeitet sind, wie korrekt der Text ist und wie gut die Sätze und Abschnitte sprachlich miteinander verknüpft sind. Schreiben Sie mindestens **150** Wörter.

Anmerkungen zu Aufgabe 2:

a Müllverbrennung: Werden neueste Technologien eingesetzt, ist Müllverbrennung sehr emissionsarm und umweltfreundlich. Am vorteilhaftesten ist Müllverbrennung in Kombination mit Müllvermeidung.

b Ausschlaggebend für Elektroautos ist die Frage, wie die notwendige elektrische Energie erzeugt wird. Wird sie aus fossilen Brennstoffen gewonnen, sind E-Autos nicht umweltfreundlich.

c Zwar würde die Schließung der Schwimmbäder Wasser und Energie sparen, aber zum Konzept der Nachhaltigkeit gehört auch, dass die Lebensqualität erhalten wird. Tragen Schwimmbäder zur Lebensqualität bei? Müssen sie erhalten werden?

Lösungen für 4a

1 erneuerbar (Windenergie) 🙂
2 erneuerbar 🙂
3 erneuerbar (Bioenergie) 🙂
4 fossil (Kohle) 🙁
5 erneuerbar (Bioenergie) 🙂
6 fossil 🙁, erneuerbar 🙂
7 erneuerbar 🙂
8 erneuerbar 🙂
9 erneuerbar 🙂
10 fossil 🙁, erneuerbar 🙂
11 fossil 🙁
12 fossil 🙁, erneuerbar 🙂
13 erneuerbar 🙂
14 fossil 🙁, erneuerbar 🙂

131

Redemittel Schreiben Teil 1

ANHANG

Meinung äußern I
In Ihrer Sprache: _____

KAPITEL 1

- Ich finde Extremsportarten faszinierend.
- Meiner Meinung/Ansicht nach sind Extremsportarten faszinierend.
- Ich bin für/gegen Extremsportarten.
- Extremsportarten? Ich bin dafür/dagegen.
- Ich halte nichts/wenig / (nicht) viel von Extremsportarten.
- Extremsportarten? Davon halte ich nichts/wenig / (nicht) viel.

Meinung äußern II
In Ihrer Sprache: _____

KAPITEL 22

- Ich stehe auf dem Standpunkt, dass Nationalparks ihren Status nicht verlieren dürfen, denn wirtschaftliche Interessen sollten nicht entscheidend sein.
- Aus meiner Sicht / Meines Erachtens dürfen Nationalparks ihren Status nicht verlieren, denn wirtschaftliche Interessen sollten nicht entscheidend sein.

etwas begründen I
In Ihrer Sprache: _____

KAPITEL 2

Diese Diät finde ich gut, …
- weil/da sie zeitsparend ist.
- denn sie ist zeitsparend.
- sie ist nämlich zeitsparend.

etwas begründen II
In Ihrer Sprache: _____

KAPITEL 25

- Aufgrund/Wegen* der fehlenden Investitionen sind diese Technologien noch nicht ausgereift.
- Aufgrund der Tatsache, dass nicht genug in diese Technologien investiert wird, sind sie noch nicht ausgereift.
- Diese Technologien sind noch nicht ausgereift. Das hängt damit zusammen, dass Investitionen fehlen.

*aufgrund/wegen + Genitiv

weitere Argumente aufzählen I
In Ihrer Sprache: _____

KAPITEL 2

- Außerdem/Zudem ist diese Diät effektiv. / Dazu kommt, dass / Hinzu kommt, dass diese Diät effektiv ist.

weitere Argumente aufzählen II
In Ihrer Sprache: _____

KAPITEL 14

- Am Valentinstag etwas Teures zu verschenken, finde ich etwas übertrieben. Abgesehen davon / Darüber hinaus setzt man den anderen vielleicht unter Druck, falls er sich etwas entsprechend Teures nicht leisten kann.

Redemittel Schreiben Teil 1

Meinung und Gründe verknüpfen — KAPITEL 3

In Ihrer Sprache:_____

Viele Menschen fahren täglich mit dem Auto und ich finde das auch praktisch.
- Es gibt aber/jedoch auch andere Gründe (dafür), warum/weshalb dieses Phänomen so verbreitet ist.
- Natürlich/Selbstverständlich gibt es noch weitere Gründe (dafür), warum das so ist.

Autofahren ist umweltschädlich und darum bin ich dagegen.
- Es gibt aber/jedoch viele/zahlreiche Gründe (dafür), warum Autofahren so verbreitet ist.
- Allerdings/Trotzdem gibt es mehrere/verschiedene Gründe (dafür), weshalb Autofahren so verbreitet ist.

Gründe aufzählen — KAPITEL 3

In Ihrer Sprache:_____

- Der Hauptgrund / Der wichtigste Grund ist die Bequemlichkeit.
- Der Hauptgrund / Der wichtigste Grund ist, dass viele Leute ungern laufen.

- Ein weiterer/anderer Grund ist die Flexibilität.
- Ein weiterer/anderer Grund ist, dass / Hinzu kommt, dass man flexibel ist.
- Außerdem spart man mit dem Auto Zeit.

- Noch ein Grund ist schließlich die Unabhängigkeit vom Wetter.
- Noch ein Grund ist schließlich, dass man unabhängig vom Wetter ist.

Personengruppen nennen und Wiederholungen vermeiden — KAPITEL 4

In Ihrer Sprache:_____

- Viele junge Leute leben noch zu Hause, weil das bequem ist.
- Andere wohnen bei den Eltern, denn sie verdienen zu wenig.
- Wiederum andere wollen nicht allein wohnen.
- Und nicht wenige finden es einfach schöner.

Alternativen / andere Möglichkeiten nennen I — KAPITEL 4

In Ihrer Sprache:_____

- Anstatt bei den Eltern zu wohnen, könnte man mit Freunden eine WG gründen.

- Eine andere/weitere Möglichkeit wäre, eine eigene Wohnung zu mieten.
- Außerdem könnte man eine eigene Wohnung mieten oder kaufen.
- Alternativ könnte man (auch) mit einem Freund zusammenziehen.
- Noch eine Möglichkeit wäre, mit einem Freund zusammenzuziehen.
- Es besteht auch/weiterhin die Möglichkeit, mit einem Freund zusammenzuziehen.

- Und schließlich könnte man allein wohnen.

Redemittel Schreiben Teil 1

Alternativen / andere Möglichkeiten nennen II   KAPITEL 20
In Ihrer Sprache:_____

– Anstatt dauernd neue Kleidung zu kaufen, sollte man lieber Kleidung mit anderen tauschen. / wäre es besser, Kleidung mit anderen zu tauschen.
– Es ist unnötig, dauernd neue Kleidung zu kaufen. Stattdessen könnte man Kleidung mit anderen tauschen.

Vorteile aufzählen   KAPITEL 5
In Ihrer Sprache:_____

– Der wichtigste Vorteil / Ein sehr wichtiger Vorteil ist, dass man sich amüsiert.
– Ein weiterer/anderer wichtiger/großer Vorteil ist, dass man spontan flirten kann.
– Dass man direkt Kontakt knüpfen kann, ist ebenfalls vorteilhaft/positiv.
– Von Vorteil ist schließlich auch, dass man etwas aktiv unternimmt.

Nachteile aufzählen   KAPITEL 11
In Ihrer Sprache:_____

– Der wichtigste Nachteil / Ein sehr wichtiger Nachteil ist, dass das eine kostspielige Angelegenheit ist.
– Ein weiterer/anderer bedeutender/großer Nachteil ist, dass die Musik oft zu laut ist.
– Als nachteilig/negativ empfinde ich auch, dass die Musik oft zu laut ist.
– Dass die Musik oft zu laut ist, ist ebenfalls nachteilig/negativ.
– Von Nachteil ist schließlich auch, dass man eine monatliche Gebühr dafür zahlen muss.

Vor- und Nachteile aufzählen (den Gegensatz betonen)   KAPITEL 13
In Ihrer Sprache:_____

– Ein Vorteil ist, dass vegane Ernährung die Gesundheit fördert. Nachteilig hingegen/dagegen ist, dass das Kochen viel zeitaufwendiger ist.
– Ein (weiterer) Nachteil ist, dass die Massentierhaltung der Umwelt schadet. Von Vorteil jedoch/allerdings ist, dass Fleisch viel Protein enthält.

Redemittel Schreiben Teil 1

erklären, wie ... [KAPITEL 16]
In Ihrer Sprache:_____

– Durch* einen Lernplan kann man das Lernen besser strukturieren.
– Mithilfe** eines Lernplans / Mithilfe von** Lernplänen kann man das Lernen besser strukturieren.
– Dadurch, dass man einen Lernplan macht, kann man das Lernen besser strukturieren.
– Indem man einen Lernplan macht, kann man das Lernen besser strukturieren.
– Man sollte einen Lernplan machen. So / Auf diese Weise / Dadurch kann man sein Lernen besser strukturieren.

* durch + Akkusativ
** mithilfe + Genitiv
mithilfe von + Dativ

eine Vermutung ausdrücken [KAPITEL 17]
In Ihrer Sprache:_____

– Ich glaube/vermute / nehme an, es gibt gemeinsame Freizeitaktivitäten.
– Ich bin mir nicht sicher, aber ich denke, dass es gemeinsame Freizeitaktivitäten gibt.
– Ich könnte mir vorstellen, dass es gemeinsame Freizeitaktivitäten gibt.
– Vermutlich/Wahrscheinlich gibt es gemeinsame Freizeitaktivitäten.
– Es gibt vielleicht/eventuell/möglicherweise gemeinsame Freizeitaktivitäten.

Vor- und Nachteile abwägen II [KAPITEL 19]
In Ihrer Sprache:_____

– Man muss einerseits / auf der einen Seite / zum einen fast nichts selbst organisieren, andererseits / auf der anderen Seite / zum anderen reist man nicht umweltfreundlich.

Folgen nennen I [KAPITEL 20]
In Ihrer Sprache:_____

– Viele Leute kaufen ständig neue Kleidung. Auf diese Weise / So verschwenden sie ihr Geld und schaden zudem der Umwelt.

Folgen nennen II [KAPITEL 23]
In Ihrer Sprache:_____

Viele Freunde und Paare schreien sich bei Auseinandersetzungen an.
– Die/Eine Folge ist, dass das Problem nur noch schlimmer wird.
– Die/Eine Konsequenz ist, dass das Problem nur noch schlimmer wird.
– Dadurch wird das Problem aber nur noch schlimmer.

– Eine andere/weitere Folge/Konsequenz ist, dass man den anderen demütigt.
– Hinzu kommt, dass man den anderen demütigt.

ANHANG

Formalien und Redemittel Schreiben Teil 2

Formalien bei einer formellen E-Mail oder Nachricht I
KAPITEL 6

In Ihrer Sprache:_____

- E-Mail: Ich schreibe — Betreff: …
- Nachricht: Ich schreibe keinen „Betreff:" — –
- Anrede: wenn ich an eine Frau schreibe: Sehr geehrte Frau …,
  wenn ich an einen Mann schreibe: Sehr geehrter Herr …,
- Ich benutze nicht *du*, *dir*, *dein-*, sondern: Sie, Ihnen, Ihr-
- Wenn ich um etwas bitte, schreibe ich am Schluss: Vielen Dank im Voraus.
- Als Gruß benutze ich: Mit freundlichen Grüßen
- Ich unterschreibe immer mit: (Vor- und Nachnamen)

Formalien bei einer formellen E-Mail oder Nachricht II (an jemanden, den ich ganz gut kenne)
KAPITEL 7

In Ihrer Sprache:_____

- Anrede: wenn ich an eine Frau schreibe: Liebe Frau …,
  wenn ich an einen Mann schreibe: Lieber Herr …,
- Ich benutze nicht *du*, *dir*, *dein-*, sondern: Sie, Ihnen, Ihr-
- Als Gruß benutze ich: Viele Grüße
- Ich unterschreibe immer mit: (Vor- und Nachnamen)

Formalien bei einer formellen E-Mail oder Nachricht III (an zwei Personen schreiben)
KAPITEL 12

In Ihrer Sprache:_____

- Anrede: wenn ich an eine Frau und einen Mann schreibe: Sehr geehrte Frau …, sehr geehrter Herr … / Liebe Frau …, lieber Herr …,
  wenn ich an zwei Frauen schreibe: Sehr geehrte Frau …, sehr geehrte Frau … / Liebe Frau …, liebe Frau …,
  wenn ich an zwei Männer schreibe: Sehr geehrter Herr …, sehr geehrter Herr … / Lieber Herr …, lieber Herr …,
- Ich benutze nicht *du*, *dir*, *dein-*, sondern: Sie, Ihnen, Ihr-

Bedauern ausdrücken
KAPITEL 6

In Ihrer Sprache:_____

- Ich habe den Termin völlig vergessen. Das tut mir sehr leid. / Das bedauere ich sehr.
- Es tut mir sehr leid, dass / Ich bedauere sehr, dass ich den Termin völlig vergessen habe.

höflich um etwas bitten
KAPITEL 6

In Ihrer Sprache:_____

- Könnten Sie mir bitte einen neuen Termin geben?
- Ich möchte Sie bitten, mir einen neuen Termin zu geben.

Formalien und Redemittel Schreiben Teil 2

ANHANG

um Verständnis bitten KAPITEL 7
In Ihrer Sprache:_____

– Ich bitte Sie um (Ihr) Verständnis.
– Ich bitte Sie, Verständnis zu zeigen.
– Bitte haben Sie dafür Verständnis.
– Ich hoffe, dass Sie für meine/diese Situation Verständnis haben.
– Ich hoffe, dass Sie meine Situation verstehen (können).

einen Vorschlag machen KAPITEL 7
In Ihrer Sprache:_____

– Ich könnte Einladungen per E-Mail verschicken.
– Vielleicht wäre es gut, Info-Flyer an die Gäste zu verteilen.
– Was halten Sie davon, wenn ich die Gäste empfange?
– Außerdem/Ferner/Weiterhin/ Darüber hinaus könnte ich (vielleicht) Eintrittskarten verkaufen.

Interesse und Begeisterung ausdrücken KAPITEL 8
In Ihrer Sprache:_____

– Mich begeistert vor allem Ihr Kundenservice.
– Mich begeistert vor allem, dass Sie einen sehr guten Kundenservice haben.
– Ich freue mich (auch) sehr auf die Arbeit im Bereich Verkauf.
– Ich freue mich (auch) darauf, dass ich im Bereich Verkauf arbeiten kann.
– Ganz besonders interessiert mich (auch) die Organisation eines Kaufhauses.
– Ganz besonders interessiert mich (auch), dass ich die Organisation eines Kaufhauses kennenlernen werde.
– Besonders spannend finde ich (außerdem) den Kontakt mit unterschiedlichen Menschen.
– Besonders spannend finde ich (außerdem), dass ich Kontakt mit unterschiedlichen Menschen haben werde.

sich entschuldigen KAPITEL 8
In Ihrer Sprache:_____

– Ich möchte mich dafür entschuldigen, dass ich heute zu spät gekommen bin.
– Es tut mir sehr/außerordentlich leid, dass ich heute zu spät gekommen bin.
– Entschuldigen Sie bitte, dass ich heute zu spät gekommen bin.
– Ich möchte Sie dafür um Entschuldigung bitten, dass ich heute zu spät gekommen bin.
– Ich bin heute zu spät gekommen. Dafür möchte ich mich entschuldigen.
– Ich bin heute zu spät gekommen. Das tut mir sehr/außerordentlich leid.
– Ich bin heute zu spät gekommen. Dafür möchte ich Sie um Entschuldigung bitten.

Formalien und Redemittel Schreiben Teil 2

Verständnis zeigen — KAPITEL 9

In Ihrer Sprache:_____

– Natürlich kann ich verstehen, dass zurzeit gespart werden muss.
– Zurzeit muss gespart werden. Das kann ich natürlich verstehen.
– Ich habe (natürlich) Verständnis für die Sparmaßnahmen.
– Ich habe (natürlich) Verständnis dafür, dass zurzeit gespart werden muss.
– Zurzeit muss gespart werden. Dafür habe ich (natürlich) Verständnis.
– Es ist mir (selbstverständlich) klar/bewusst, dass zurzeit gespart werden muss.
– Zurzeit muss gespart werden. Das ist mir (selbstverständlich) klar/bewusst.

auf eine Lösung drängen — KAPITEL 9

In Ihrer Sprache:_____

– Es ist erforderlich, dass das Problem sofort/unmittelbar gelöst/behoben wird.
– Für dieses Problem muss sofort eine Lösung gefunden werden. / Es muss eine sofortige Lösung gefunden werden.
– Die Situation muss sich (dennoch/jedoch/trotzdem) so schnell wie möglich ändern.
– Es muss sofort etwas getan/unternommen werden.
– Ich möchte Sie dringend um die unmittelbare Behebung des Problems / der Probleme bitten.

um Rat bitten — KAPITEL 10

In Ihrer Sprache:_____

– Könnten Sie mir bitte sagen, was ich nun machen soll?
– Ich benötige Ihren Rat/Ratschlag, da ich nicht weiß, wie ich das Problem lösen kann.
– Ich möchte Sie um Ihren Rat/Ratschlag bitten, denn ich weiß nicht, was ich noch machen könnte.

Vor- und Nachteile abwägen I — KAPITEL 12

In Ihrer Sprache:_____

– Ein Spaziergang im Allwetterzoo wäre einerseits schön, andererseits nichts Außergewöhnliches.
– Ein Spaziergang im Allwetterzoo wäre zwar schön, aber so etwas ist nichts Außergewöhnliches.
– Ein Spaziergang im Allwetterzoo wäre sicherlich schön, aber das ist nichts Außergewöhnliches.

sich beschweren — KAPITEL 15

In Ihrer Sprache:_____

– Ich möchte mich bei Ihnen beschweren, denn die Sauna war außer Betrieb.
– Ich möchte mich bei Ihnen beschweren, da/weil die Sauna außer Betrieb war.
– Ich möchte mich darüber beschweren, dass die Sauna außer Betrieb war.
– Es gab kein glutenfreies Essen und deswegen möchte ich mich beschweren.
– Meine Beschwerde betrifft mein weißes Brautkleid, das nun hellblau ist.

Formalien und Redemittel Schreiben Teil 2

eine Entschädigung fordern

KAPITEL 15

In Ihrer Sprache:_____

– Ich fordere den Ersatz des entstandenen Schadens.
– Das Mindeste ist, dass Sie mir eine entsprechende Entschädigung anbieten.
– Es gab kein glutenfreies Essen. Ich fordere dafür von Ihnen eine Entschädigung.
– Ich bestehe auf einer Entschädigung für mein Brautkleid.

Bildquellen

Seite 5, 7, 9, 10, 11, 12 (Bild 1, 2, 3, 5, 6), 14, 16, 20, 21, 22 (Bild Ü1), 24, 25, 27 (Bild Ü1), 30, 31, 35, 37, 38 (Gips, Krücken), 39 (Bild 1, 2, 3), 41, 43 (Bild Ü1b), 46, 48 (Bild Ü1b, Bild 2, 5), 49 (Anlehnbügel), 51, 53 (Bild Ü1b), 56, 58, 59 (Bild A, C), 61 (Bild 4), 62, 63, 66, 68 (Bild Ü1, Bild 2, 4), 70, 72 (Bild Ü1 und Uhr, Rosen), 76 (Bild Ü5 und Bild rechts), 77, 79, 80, 82 (Bild Ü2), 84 (Bild oben und Bild Ü6), 85 (Bild rechts), 86, 90, 92 (Bild Ü1b), 96, 98 (Bild Ü1), 100 (Bild 1, 2, 3, 4), 102 (Bild Ü6), 104, 108 (Bild Ü6), 110 (Bild Ü1b), 112, 115, 116 (Bild 3b, 3c, 3d, 3e, 3f), 117, 118 (Bild rechts), 119 (Bild Ü1), 122 (Bild Ü5), 123 (Bild Ü1b und 2b Bild 1), 127, 128 (Bild Ü1 und 3a Bild 1 Raps, 4 Bohrinsel, Gas), 130: © Pixabay

Seite 6, 13, 15, 17, 19, 22, 26 (Bild links), 27, 32 (außer Malerin), 38, 43 (Bild 1, 3), 44, 48 (Bild 4), 49, 53, 54, 59 (Bild B, E), 65, 68 (Bild 1, 3, 5), 71, 72 (Kette), 74, 75, 76 (Bild links), 81, 82, 84 (außer Hund), 85 (Bild links), 87, 88, 91, 92, 94, 95, 98, 99, 100 (Bild 5), 102, 103 (Bild rechts), 105, 106 (Bild 4, 6), 109, 110, 114 (Blog), 116 (Bild 3a, 4a), 119, 120, 121, 123 (Bild 2a und 2b Bild 2, 3), 124 (Bild 2b, 2c), 128 (Bild 2, 5), 131: © Freepik.com

Seite 12: Bild 4: © creativefamily / Stock.Adobe.com
Seite 26: Bild rechts: © iStock
Seite 32: Malerin: © Seventyfour / Stock.Adobe.com
Seite 48: Bild 1: © ButterflyEffect / Stock.Adobe.com
Seite 61: Bild 1, 3: © Pixabay; Bild 2, 5: © Freepik.com
Seite 68: Bild 6: © Igor Dutina / Fotolia
Seite 100: Bild 6: © Pexels
Seite 103: Bild links: © Unsplash
Seite 106: Bild 5: © Pexels
Seite 108: © Flaticon.com
Seite 114: Bild oben: © Andreas Treste / wikipedia; Bild unten: © Polarit / wikipedia
Seite 122: © Pexels
Seite 123: Bild 6: © Michiel 1072 / wikipedia
Seite 128: Bild 1 (Mais), 3: © Unsplash; Bild 4 (Kohle): © Pexels

Wir haben uns bemüht, alle Inhaber von Bildrechten ausfindig zu machen. Sollten Rechte-Inhaber hier nicht aufgeführt sein, so ist der Verlag für entsprechende Hinweise dankbar.